## Fira

Cubes blancs, coupoles bleues et ruelles en escalier enchevêtrées s'étirent sur le fil de la caldeira et flirtent avec le vide. La capitale de Santorin est le village le plus spectaculaire mais aussi le plus animé, avec une grande concentration d'hôtels, de bars et de boutiques. **Voir p. 26.**

## Oia

Au nord de Santorin, ce village de capitaine accroché au bord du cratère séduit par ses volumes, ses formes et ses couleurs. Ses maisons et ses églises se détachant sur l'azur sont iconiques, tout comme son petit port graphique, lové sous la falaise rougeoyante. Spot devenu culte au coucher du soleil au point d'être saturé, le village s'apprécie mieux le matin. **Voir p. 42.**

## La balade sur le fil du cratère

Perché entre 100 et 300 m d'altitude, on marche sur le fil du cratère, avec la vue impressionnante sur le chaudron du volcan envahi par la mer. De Fira à Oia, la randonnée est physique. Version courte : on va jusqu'à Imerovigli, le point le plus élevé, à 30 minutes, pour un panorama spectaculaire avec le rocher de Skaros au premier plan. **Voir p. 40.**

## Excursion en bateau au cœur de la caldeira

Dégringoler les marches de Fira jusqu'à son vieux port. Voguer jusqu'aux îlots de lave qui flottent en son centre. Grimper au sommet pour jouir de la vue à 360° sur le gigantesque volcan et sentir l'énergie des entrailles de la Terre sous ses pieds. Émotions garanties. **Voir p. 36.**

## Ancienne Akrotiri

Bienvenue dans la Pompéi grecque ! Il y a 3600 ans, une éruption apocalyptique a fait disparaître la civilisation qui s'épanouissait sur Santorin. Un manteau de cendres a recouvert la ville. Maisons à étages, systèmes de tout-à-l'égout… aujourd'hui, on déambule dans les rues et on s'émerveille de l'avancée de cette civilisation. **Voir p. 67.**

## Red Beach

À côté d'Akrotiri, cette plage de sable noir et de pierres ponces grises s'étire sous une falaise couleur rouille flamboyante. Un chaos de roches en garde l'entrée. Il est déconseillé d'y poser sa serviette à cause de la falaise instable, mais on peut s'en approcher par la mer ou par la terre. **Voir p. 69.**

## L'ancienne Thira

Perchée en nid d'aigle à 350 m au-dessus de la mer, cette cité antique jouit d'une vue vertigineuse sur les deux grandes stations balnéaires de l'île, Perissa et Kamari, ourlées de kilomètres de sable noir. **Voir p. 52.**

## Le village de Pyrgos à Santorin

Construit sur une colline, il se dresse comme une tour au centre de Santorin. Il fait bon se perdre dans le labyrinthe de ses ruelles. Maisons et églises s'étagent jusqu'au sommet, coiffé par les vestiges d'une citadelle vénitienne. La vue panoramique donne une idée de l'importance de la culture de la vigne sur l'île. **Voir p. 50.**

# SANTORIN

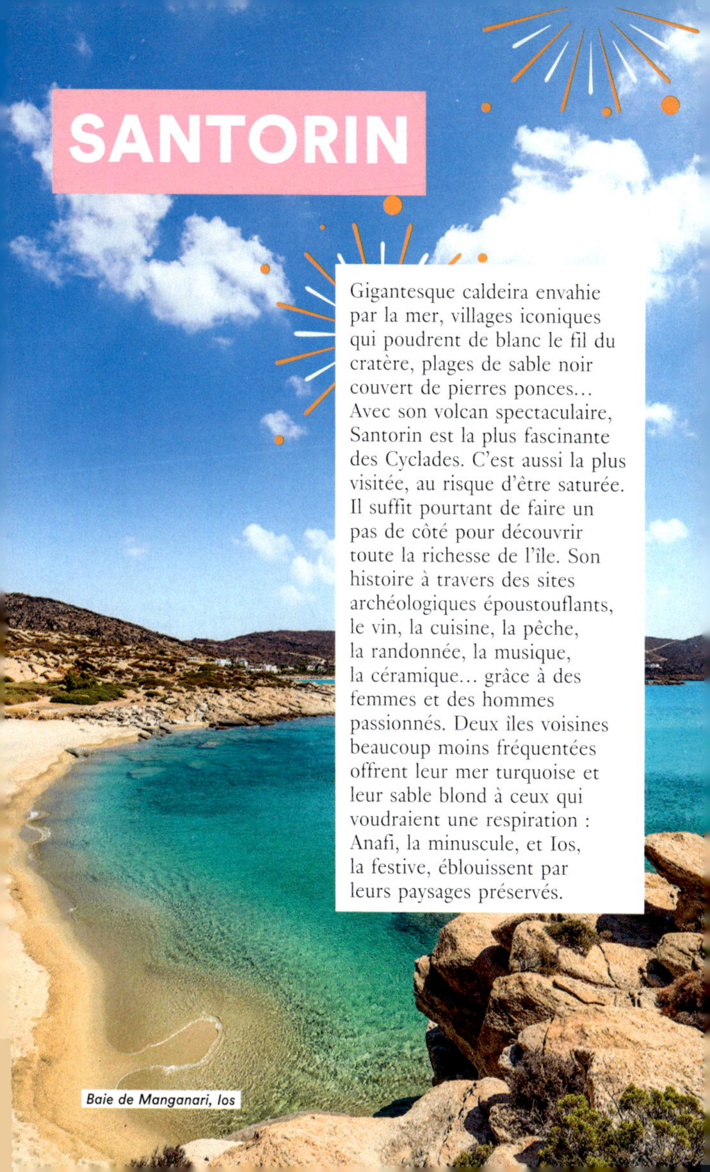

Gigantesque caldeira envahie par la mer, villages iconiques qui poudrent de blanc le fil du cratère, plages de sable noir couvert de pierres ponces… Avec son volcan spectaculaire, Santorin est la plus fascinante des Cyclades. C'est aussi la plus visitée, au risque d'être saturée. Il suffit pourtant de faire un pas de côté pour découvrir toute la richesse de l'île. Son histoire à travers des sites archéologiques époustouflants, le vin, la cuisine, la pêche, la randonnée, la musique, la céramique… grâce à des femmes et des hommes passionnés. Deux îles voisines beaucoup moins fréquentées offrent leur mer turquoise et leur sable blond à ceux qui voudraient une respiration : Anafi, la minuscule, et Ios, la festive, éblouissent par leurs paysages préservés.

*Baie de Manganari, Ios*

# LES
# INCONTOUR-
# NABLES

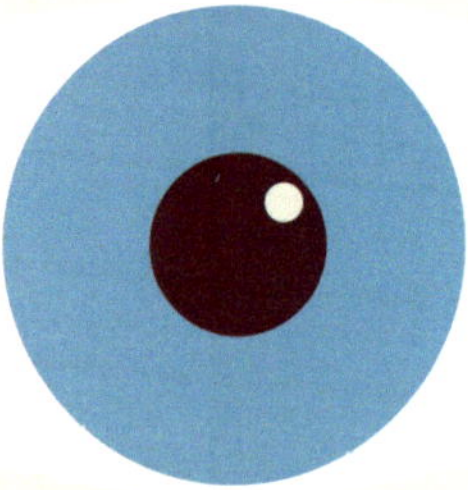

## La Chora d'Ios

La capitale d'Ios a deux visages. De jour, c'est l'un des plus beaux villages des Cyclades avec son enchevêtrement de maisonnettes blanches, de placettes ombragées par des bougainvillées et de chapelles aux lignes graphiques. De nuit, on y fait la fête jusqu'au petit matin quand ses bars accueillent les étudiants en liesse. **Voir p. 102.**

## La plage de Mylopotas à Ios

Une large écharpe de sable doré face à une mer au camaïeu de bleus étourdissants. Les beach bars offrent lits de plage pour bronzer, cocktails à siroter et, tout au bout de la plage, musique orchestrée par des DJ pour danser. Les sports nautiques complètent le tableau de l'une des plus belles plages branchées grecques. **Voir p. 105.**

## La Chora d'Anafi

Sur cette île de 250 habitants, la capitale et unique village enchante par son charme et son authenticité. À 250 m d'altitude, les maisonnettes s'enroulent autour du sommet d'une colline, tout en regardant la mer. Une poignée de tavernes, bars et boutiques sympathiques l'animent. **Voir p. 89.**

## Le rocher de Kalamos à Anafi

Sa silhouette imposante nous accueille quand on débarque à Anafi : à la pointe sud-est de l'île, ce monolithe de 460 m de haut s'élève au-dessus de la mer. Une randonnée grandiose en fait l'ascension depuis le monastère de Zoodochos Pigis, à son pied. **Voir p. 91.**

# EXPÉRIENCES UNIQUES

## Pêcher à Santorin sur le caïque en bois d'une jeune femme pêcheur

La pêche est une tradition dans la famille d'Anthi. Petite-fille et fille de pêcheur, cette jeune femme souriante et dynamique vous emmène sur son caïque découvrir l'île-volcan côté mer. Au programme : pratique de différentes techniques de pêche, baignade et dégustation à bord des crevettes et poissons pêchés. **Voir p. 76.**

## Dégustation de vins de Santorin au domaine Vassaltis

Grâce à son terroir volcanique, Santorin produit quelques-uns des meilleurs vins de Grèce. Le domaine Vassaltis propose des dégustations exceptionnelles au milieu des vignes, tant par le cadre élégant que par le raffinement des accords mets et vins servis. **Voir p. 64.**

## Coucher du soleil à Santorin depuis le Profitis Ilias

Peu nombreux sont ceux qui s'aventurent au sommet de Santorin pour apprécier le coucher du soleil. Pourtant le Profitis Ilias offre un panorama époustouflant sur toute l'île. À contempler depuis l'agréable point de vue aménagé sous le monastère. **Voir p. 51.**

## Kayak à Santorin

Kalliopi, une jeune athlète à la retraite, partage sa passion pour le kayak de mer. Elle emmène de petits groupes pagayer le long de la côte sud de l'île, où se trouve une succession de très belles plages accessibles parfois seulement par la mer. **Voir p. 77.**

## Cours de cuisine à Santorin

Appartenant à une ancienne famille de paysans de l'île, Maria vend les produits du terroir dans sa boutique et propose des cours de cuisine dans sa maison. Elle nous apprend à confectionner caviar d'aubergine, boulettes de tomates, salade aux câpres… que l'on déguste sur sa véranda. **Voir p. 75.**

## Symposion à Santorin : musique et mythologie

C'est un voyage à travers le temps, la musique et les mythes que propose Yannis au Symposion. Dans une ancienne cave à vins de Mégalochori, il crée des instruments antiques et, tel Orphée, nous hypnotise avec sa musique et les histoires qu'il raconte. **Voir p. 60.**

## Le sud d'Anafi à pied

Une superbe plage avec une merveilleuse taverne : I Papadia à Roukounas. Juste au-dessus, les ruines d'une cité antique. Tout autour, un paysage vierge époustouflant de beauté que l'on traverse pour rejoindre un monastère. Au retour, on longe la mer cristalline qui égrène des plages sauvages. Une des plus belles randonnées des Cyclades. **Voir p. 100.**

## Lever du soleil à Anafi depuis le rocher de Kalamos

Ce spectacle de nouveau monde s'adresse aux aventuriers et aux contemplatifs. La veille, il faut faire l'ascension du rocher de Kalamos, monolithe majestueux qui s'élève à 460 m. Après une nuit sous les étoiles, on guette le soleil qui se lève dans la mer et embrase le ciel. **Voir p. 91.**

## Voguer de crique en plage à Ios

Trente-six plages de rêve constellent Ios, une île très peu peuplée pour sa taille. Côte rocheuse, sable blond, mer turquoise : à bord d'un caïque en bois, on explore la côte en dentelle du sud de l'île pour plonger dans les plus belles criques. **Voir p. 113.**

# NOS ADRESSES COUPS DE CŒUR

Terrasse avec vue sur la caldeira à Fira

Iota's Bag à Oia

## Kira Thira

Dans une ancienne maison se cache ce club de jazz hors du temps au cœur des ruelles animées de Fira. Excellente musique.

*Voir p. 32 • Fira et ses environs (Santorin).*

## Taverne Mesa Pigadia

Sur une plage hors des sentiers battus, une taverne délicieuse, à la fois traditionnelle et créative, tenue par une adorable famille.

*Voir p. 72 • Le sud de Santorin.*

## Iota's Bag

Une boutique cachée à Oia aussi adorable que minuscule. Des sacs colorés et originaux faits main par une fée : la souriante Iota.

*Voir p. 48 • Oia et la pointe nord de Santorin.*

Au bord de la mer à Santorin

### Traditional Kafenio

Dans le charmant village de Mégalochori, un café qui évoque une boutique d'antiquaire. De délicieux mezzés et un piano pour les concerts.

*Voir p. 56 • Le centre de Santorin.*

### Tranquilo

Un beach bar alternatif et engagé, où se tiennent de nombreux concerts. Aussi chaleureux que ses couleurs.

*Voir p. 58 • Le centre de Santorin.*

### I Papadia

Une taverne traditionnelle de rêve, noyée dans une oasis de verdure, à deux pas d'une magnifique plage.

*Voir p. 91 • Anafi.*

### Ithaka

Une adresse réjouissante au port d'Ios : ce restaurant gourmet est tenu par trois jeunes chefs sympathiques et inspirés.

*Voir p. 103 • Ios.*

Tranquilo à Perissa

# LES PLUS BELLES PLAGES DE SANTORIN

**À cause du volcan, les plages de Santorin ont un côté austère et spectaculaire. Souvent bordées de falaises, elles se caractérisent par leur sable noir parsemé de pierres ponces et par des eaux sombres, au bleu abyssal ou au gris anthracite. À noter : par contraste, les plages d'Anafi et d'Ios semblent paradisiaques. Elles éblouissent par leur sable doré et leurs dégradés de bleus (p. 89 et p. 102).**

## Vlychada

L'immense plage de sable gris s'adosse à des falaises spectaculaires, couleur café au au lait, sculptées par les éléments. **Voir p. 66.**

## Koloumbo

Falaise noire striée de blanc, sable noir, mer anthracite… Tout au nord de l'île, une plage sauvage magnifique qui se rejoint à pied. **Voir p. 44.**

## Red Beach

Sa couleur l'a rendue célèbre. Chaos de blocs de lave rouge ou noire, falaise couleur rouille et longue plage baignée par une eau limpide. Il est déconseillé de s'installer sous les falaises. **Voir p. 69.**

*Kamari*

## Kamari et Perissa

À l'est de l'île, ce sont les deux grandes stations balnéaires de Santorin. Leurs kilomètres de sable noir sont bordés de beach bars. Attention aux courants ! **Voir p. 52 et p. 54.**

## Caldeira Beach

La seule plage au creux de la caldeira reste un secret encore bien gardé. Sous le village d'Akrotiri s'égrènent un club de plongée, une taverne et une jolie plage de sable ombragée par des tamaris. **Voir p. 67.**

## Mesa Pigadia

Au bout d'une piste poussiéreuse, une longue plage de gros galets et de sable gris, ainsi qu'une délicieuse taverne. **Voir p. 70.**

# LES MEILLEURS SITES POUR PLONGER

**La grande transparence de la mer Égée offre une excellente visibilité pour plonger. Tombant, grotte, relief… si la faune n'est plus très riche dans les Cyclades, les paysages enchantent par leurs contrastes grâce à la tectonique et à l'activité volcanique. Ios et Santorin comptent une grande diversité de sites. Anafi aussi, mais elle ne possède pas de club de plongée.**

## SANTORIN

### Sud de l'île

Le site de Mesa Pigadia est percé de nombreuses grottes. À 10 m de profondeur, on circule dans des passages tapissés d'éponges colorées pour atteindre un puits de lumière qui illumine les poissons de roche.

### Aspronissi

Le site le plus spectaculaire se trouve à Aspronissi, « l'île blanche », qui ferme le cratère submergé du volcan à l'ouest. On plonge le long d'un mur vertical qui descend jusqu'à 400 m ! On ne voit évidemment pas le fond. Et même si l'on reste en surface, le grand bleu sous nos palmes donne des frissons…

### Néa Kaméni

Une épave gît entre 3 et 12 m de profondeur au milieu de la caldeira, près de l'îlot de Néa Kaméni. Elle est devenue un repaire de poissons. Un régal pour les plongeurs avec bouteille et pour les snorkelers.

**Trois centres de plongée certifiés PADI existent à Santorin. Ils proposent la même gamme de prestations, du baptême à la semaine de cours avancés.**

### Navys Waterworld

Ce centre de plongée est impliqué dans la protection de l'environnement marin. Il est labellisé Cousteau Diving Center (www.cousteaudivers.org).

*Kamari • ✆ 228 60 28 190 • www.navyswaterworld.gr*

### Mediterranean Dive Club

Tenu par Olga Pozidou. Instructeur francophone en été.

*Perissa, 2e centre de plongée sur la plage en partant du rocher • ✆ 228 60 83 080 • www.dreamingreece.com*

### Santorini Dive Center

Deux bases : l'une à Perissa (la première en partant du rocher), l'autre dans la caldeira au niveau d'Akrotiri (sous le restaurant Remezzo).

*✆ 228 60 83 190 • www.divecenter.gr*

IOS

## New Dive

Centre de plongée PADI. Baptême de plongée, stage à la semaine pour débutants et pour plongeurs plus expérimentés. Location de matériel. Mêmes propriétaires et même adresse que le Mylopotas Watersports (ski nautique, bateau banane, kayaks… voir p. 113), qui loue des petits bateaux sans permis à la journée : idéal pour explorer les plages du sud de l'île.

*Mylopotas, au début de la plage*
- *228 60 92 340 et 69 368 44 944*
- *mylopotaswatersportsandnewdive.com*
- *À partir de 55 € la plongée.*

# UN GRAND WEEK-END SUR MESURE

## Santorin en 4 jours

### J1

Le matin, parcourez **Fira** *(p. 26)* et ses ruelles blanches suspendues au-dessus de la gigantesque caldeira. Faites une pause dans le café Volkan on the Rocks, qui jouit d'une vue grandiose et hypnotisante sur le volcan. Visitez le **Musée préhistorique** pour avoir une idée de la brillante civilisation qui s'épanouissait sur l'île il y a 3600 ans, juste avant la terrible éruption. Prenez votre billet pour faire **l'excursion au cœur du volcan** *(p. 36)* et dégringolez les 600 marches qui vous conduisent vers l'ancien port de Fira. Déjeunez au pied des falaises en attendant votre caïque. Voguez vers le centre du cratère pour marcher sur les îlots de lave et vous baigner dans les sources d'eau chaude. Remontez à Fira par les escaliers ou en téléphérique. Rejoignez à pied ou en voiture **Imerovigli** et allez voir le coucher du soleil depuis le rocher de Skaros.

### J2

Profitez d'**Oia** *(p. 42)* le matin, avant la foule. Avant 10h, la lumière vous permettra de prendre

Vue sur Gialos, le port d'Ios

de belles photos de ce village particulièrement graphique. Déjeunez à **Ammoudi**, son petit port, ou dans le village préservé de **Finikia,** qui se trouve à l'entrée d'Oia. Piquez une tête sur la très belle **plage de Koloumbo** ***(p. 44)***. Faites une dégustation de vins au domaine Vassaltis. Puis flânez en fin de journée à **Pyrgos** ***(p. 50)***, d'où le coucher du soleil est sublime.

## J3

Depuis Kamari, grimpez à pied vers l'**ancienne Thira** ***(p. 52)***, cité antique perchée en nid d'aigle d'où la vue sur l'est de l'île et la mer est magnifique. Puis descendez sur **Perissa** ***(p. 54)***, où vous pourrez vous baigner et déjeuner avant de rentrer en caïque à Kamari. L'après-midi, perdez-vous dans les ruelles d'**Emborio** ***(p. 54)*** et sa citadelle vénitienne, avant de rejoindre l'agréable village de **Mégalochori** ***(p. 53)*** pour dîner.

## J4

Le matin, visitez le **site archéologique d'Akrotiri** ***(p. 67)***, puis déjeunez à Akrotiri, Vlychada ou Mesa Pigadia. L'après-midi, faites une excursion en mer soit en kayak ***(p. 77)*** soit à bord d'un caïque de pêche ***(p. 76)***. Allez ensuite contempler le coucher du soleil au **phrare d'Akrotiri** ***(p. 70)***.

Port d'Ammoudi, Santorin

# Santorin et Ios

## J1

Premier jour à Santorin : pour plonger dans son athmosphère unique, faites la balade de Fira à Imerovigli pour vous étourdir du panorama sur la caldeira ***(p. 40)***. En chemin, prenez un verre au coucher du soleil, puis dînez dans une taverne ou un restaurant avec vue à Fira.

## J2

Prenez le matin votre bateau pour Ios. Déjeunez au port de **Gialos** ***(p. 102)*** au restaurant gourmet Ithaka, faites un crochet par votre chambre et posez-vous sur la **plage de Mylopotas** ***(p. 105)*** : farniente sur le sable doré, baignade dans la mer turquoise, paddle ou baptême de plongée… Le soir, profitez de **Chora** *(p. 102)* et de son lacis de ruelles. Prenez un verre dans l'un de ses bars colorés et dînez dans l'une de ses bonnes tavernes. L'été vous sentirez peu à peu l'animation monter avec l'arrivée des jeunes, surtout à partir de 23h.

## J3

Faites une **balade à pied** de Chora au port en passant par le site archéologique de Skarkos et une adorable plage *(p. 114)*. Ou alors sautez dans un bateau pour découvrir les **plages paradisiaques du Sud** *(p. 113)*. En fin d'après-midi, retour à Santorin en ferry ou en hydroglisseur. Dîner romantique à Pyrgos au coucher du soleil ou à Mégalochori.

Sud d'Anafi

## J4

Visitez **Oia** *(p. 42)* le matin et déjeunez à Ammoudi au bord de l'eau. Faites une dégustation de vins avant de vous reposer sur une plage comme Kamari ou Koloumbo. Grimpez au **Profitis Ilias** *(p. 51)*, le sommet de l'île, pour voir le coucher du soleil. Dînez dans un beach bar-restaurant, comme Tranquilo *(p. 58)*, où il y a souvent des concerts.

# Santorin et Anafi

Les liaisons vers Anafi peuvent être aléatoires. Les plus sûres et régulières sont celles des ferrys (compagnies ANEK et Blue Star Ferries). Ils passent souvent à l'aube à Santorin avant de rejoindre Anafi. Renseignez-vous auprès de votre hôtelier.

## J1

En arrivant à Santorin, posez-vous sur la plage de **Kamari** *(p. 52)*, dans un beach bar sympathique. Ou visitez **Fira** *(p. 26)* en marchant dans les ruelles qui s'étirent sur le fil du cratère (voir matinée du J1 du premier circuit, p. 16).

Oia, Santorin

# J2

Voguez vers Anafi. Si vous arrivez tôt, prenez votre petit déjeuner à **Chora** *(p. 89)*, la capitale. Déjeunez et baignez-vous à la **plage de Klissidi** *(p. 90)*. En fin d'après-midi, rendez-vous au monastère de Zoodochos Pigis. Les sportifs grimperont jusqu'au sommet du **rocher de Kalamos** *(p. 92)* pour le coucher du soleil. Dîner dans une taverne de Chora, agréablement animée l'été.

# J3

Le matin, rendez-vous en voiture ou en bus au monastère de Zoodochos Pigis. Longez la mer pour rejoindre la **plage de Roukounas** (2h) *(p. 91)*, et faites des haltes pour vous baigner sur des petites plages de rêve en chemin. Déjeunez à la taverne de Roukounas. Les marcheurs retourneront au monastère à pied en passant par Kastelli ; sinon on peut prendre le bus pour rentrer à Chora. Savourez un cocktail en début de soirée au Monolithos avant d'essayer une nouvelle taverne de Chora. Retour à Santorin (souvent au milieu de la nuit).

# J4

Brunch à **Pyrgos** chez Penelope's *(p. 55)*. L'après-midi, rendez-vous à la plage de **Vlychada** *(p. 67)*. Dîner à Mégalochori. Variante hors saison : tenter le coucher du soleil à **Oia** *(p. 42)*, puis dîner au restaurant Kyprida et danser au bar Hassapiko.

# VISITER LES ÎLES

Oia, village iconique de Santorin

# SANTORIN ET THIRASSIA

Peu de mots permettent d'exprimer l'émotion que l'on ressent à la découverte de l'immense cratère affaissé dans la mer, dont les falaises sont comme saupoudrées de neige par les villages blancs qui s'y accrochent. Vers 1630 av. J.-C., l'île, alors circulaire, s'effondra sur elle-même lors d'une éruption apocalyptique (p. 38). Aujourd'hui, malgré la foule – 2 millions de visiteurs par an, surtout l'été ! –, Santorin mérite qu'on s'y attarde. Que vous aimiez les paysages spectaculaires, les villages iconiques, la randonnée, les vestiges archéologiques, le vin, la gastronomie, ou simplement le farniente sur la plage, l'île concentre toutes les merveilles des Cyclades. Et si vous souhaitez échapper au monde, l'île de Thirassia recèle des trésors juste en face.

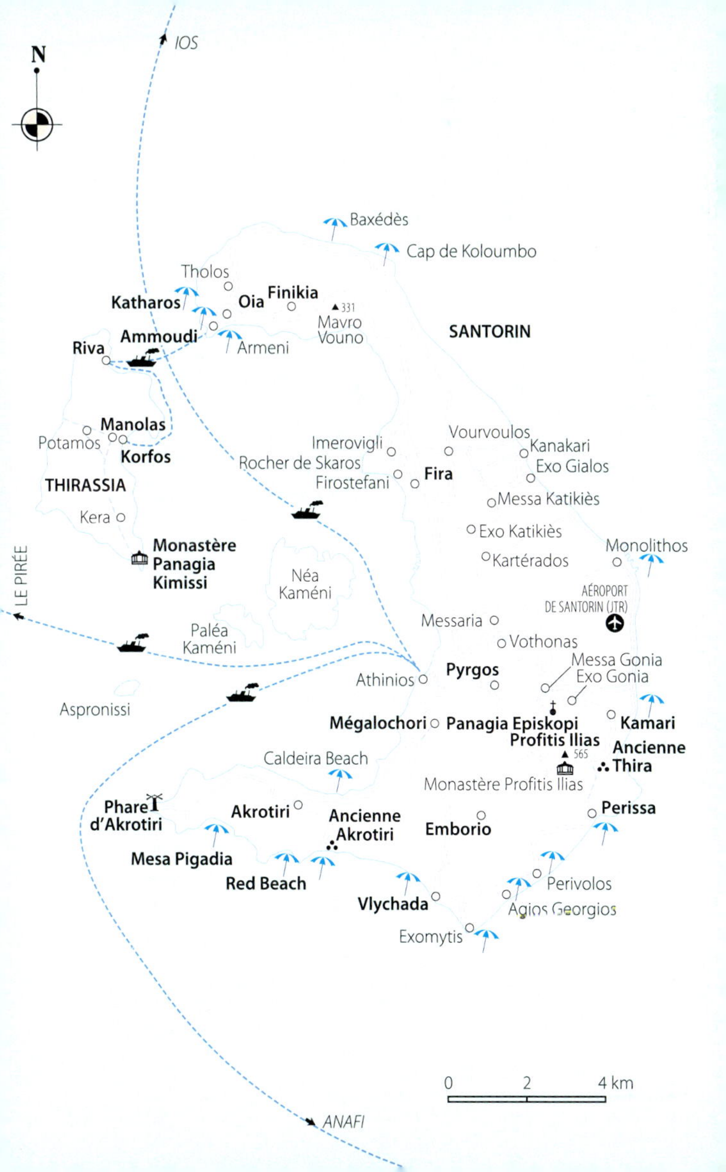
N
IOS
Baxédès
Cap de Koloumbo
Tholos
Katharos
Oia
Finikia
331
Mavro Vouno
SANTORIN
Riva
Ammoudi
Armeni
Manolas
Potamos
Korfos
THIRASSIA
Kera
Monastère Panagia Kimissi
LE PIRÉE
Imerovigli
Rocher de Skaros
Firostefani
Fira
Vourvoulos
Kanakari
Exo Gialos
Messa Katikiès
Exo Katikiès
Kartérados
Monolithos
AÉROPORT DE SANTORIN (JTR)
Néa Kaméni
Paléa Kaméni
Messaria
Vothonas
Messa Gonia
Exo Gonia
Athinios
Pyrgos
Aspronissi
Mégalochori
Panagia Episkopi
Profitis Ilias
565
Kamari
Ancienne Thira
Caldeira Beach
Monastère Profitis Ilias
Phare d'Akrotiri
Akrotiri
Ancienne Akrotiri
Emborio
Perissa
Mesa Pigadia
Red Beach
Vlychada
Perivolos
Agios Georgios
Exomytis
0
2
4 km
ANAFI

# À SAVOIR

## Meilleure saison

Évitez si possible de venir en juillet ou en août, c'est l'enfer ! L'île est alors saturée, avec d'innombrables embouteillages sur les routes et même des bouchons de piétons dans les rues des villages ! S'y rendre **au printemps ou à l'automne** vous évitera un mauvais souvenir…

## Aller à Santorin

### En avion

L'île possède un aéroport international, avec des vols directs depuis **Paris** d'avr. à oct. Depuis **Athènes**, 2 à 8 vols/j. (45 min de vol).

**Aéroport** : à 6 km au S-E de Fira, près de la plage de Monolithos.

### En bateau

**Depuis Le Pirée :**
plusieurs liaisons/j. (8-9h de traversée en ferry ; 4h30 en bateau rapide).

**Depuis Rafina :**
1 ou 2 bateaux/j. (5h-8h30 de traversée).

***www.gtp.gr, www.ferriesingreece.com et www.openseas.gr***

**À l'arrivée**
Le petit port, **Athinios**, est coincé au creux de la caldeira. Il y a souvent des embouteillages pour y descendre ou en remonter. Le bus qui emmène les visiteurs jusqu'à Fira, la capitale, est pris d'assaut.

**Un conseil** : si vous avez réservé votre hébergement, entendez-vous avec votre logeur sur le transfert.

## Où loger ?

Santorin est **la plus chère des Cyclades.** Si l'on veut la vue spectaculaire sur le volcan, Firostefani, Imerovigli ou Oia sont les plus beaux villages. Mais les hôtels sont très chers et le parking peut poser problème. Si l'on se déplace en bus, loger à Fira, la capitale, est le plus pratique.

Le Sud est beaucoup plus abordable et authentique : Akrotiri, Mégalochori, Pyrgos pour rayonner facilement sur l'île ; ou alors les stations balnéaires de Kamari et Perissa pour être au bord de l'eau.

## Se déplacer

### En bus

Bon réseau en étoile depuis Fira, mais bus bondés. En saison, bus toutes les 15 min pour Kamari et Oia ; toutes les 30 min pour Perissa ; env. toutes les 2h pour Akrotiri et l'aéroport. Peu pratique si on réside en dehors de Fira.

*☎ 228 60 25 404 • www.ktel-santorini.gr*

### En taxi

Fixez à l'avance le montant de la course.

*Fira : ☎ 228 60 22 555 et 228 60 23 951.*

### En voiture

C'est le **mode de transport le plus approprié** pour Santorin. L'île est petite mais les distances sont longues à cause des virages. Attention, routes étroites et dangereuses. Embouteillages fréquents l'été au niveau de Fira, d'Imerovigli et d'Oia.

**Location de voitures**

Drossos : *bureau sur le port et à Oia • ☎ 228 60 71 492 • www.drossos.gr*

Accordo : *Perissa, sur la route principale • ☎ 228 60 82 880/652.*

### À scooter

Attention au vent ! Un petit moteur peut ne pas suffire dans les montées.

## Où sortir ?

Côté bars et boîtes de nuit, c'est à **Fira** que l'activité nocturne se concentre. En dehors des grands clubs, coup de cœur pour le jazz bar **Kira Thira** (p. 32). L'autre option, ce sont les **beach bars** qui s'égrènent le long de la plage de Kamari, comme l'**Albatross** (p. 57). Parmi les beach bars de Perissa, le **Tranquilo** (p. 58) organise souvent des concerts. À Oia, le bar **To Hassapiko** (p. 46) séduit par son ambiance animée à partir de 22h et par l'excellence de ses cocktails.

## Utile

**Infos touristiques** : www.santorini.net

**Santé**

Hôpital à Fira : ☎ 228 60 60 300.
Clinique privée à Fira : ☎ 228 60 21 728 • www.santorinicentralclinic.gr

## Agence de voyages

**Pelican Travel**

Billets d'avion et de bateau, location de voitures, hôtels... la plus ancienne agence de l'île est aussi spécialisée dans les excursions en bateau dans la caldeira et les tours guidés de l'île.

*Pl. centrale de Fira • ☎ 228 60 22 220 • www.pelican.gr*

## Conseil

Les bateaux de croisière déversent des milliers de personnes par jour, créant des bouchons monumentaux. Oia au coucher du soleil est l'excursion de prédilection, ainsi que Fira, le tour en bateau dans la caldeira, le site d'Akrotiri... Pour planifier vos excursions en fonction de l'arrivée des bateaux, consultez **www.santorini.net/information/cruise-ship-calendar**, qui indique chaque jour le nombre et l'heure d'arrivée des croisiéristes.

# FIRA ET SES ENVIRONS

1

**Même si elle est hypertouristique, la capitale de Santorin reste incontournable pour sa balade le long de la caldeira et son musée préhistorique. Son centre est inondé de boutiques et concentre l'activité nocturne, tandis qu'une coulée d'hôtels et de bars dégringole vers le cratère. Mais la magie de l'île opère dès que l'on rejoint, vers le nord, le quartier catholique et Firostefani. Là, la pression se relâche. Quel plaisir alors de se laisser hypnotiser par le volcan et l'enchevêtrement de ruelles blanches !**

*Église Koimisi Tis Theotokou (Trois Cloches de Fira)*

## ① Le cœur du village✦✦

Tout en longueur, la capitale offre deux visages, l'un spectaculaire s'étirant sur le fil de la caldeira, l'autre commerçant tourné vers l'intérieur de l'île. La **place centrale Theotokopoulou** (agences de voyages, pharmacie, police portuaire…) et dans son prolongement la **rue du 25-Mars (25is Martiou)** sont le point de départ des ruelles en escalier qui grimpent vers le bord du cratère. À la concentration de clubs et de bijouteries nichés dans le lacis des ruelles succèdent bars, restaurants et hôtels avec vue sur le volcan. La bijouterie Chopard fait face à l'arrivée des escaliers qui mènent à l'ancien port de l'île (au bout de 588 marches numérotées !). Au sud, au niveau de la grande cathédrale orthodoxe, la ruelle en balcon sur la caldeira s'élargit et offre une belle respiration.

## 2 Musée préhistorique✦✦✦

Passionnant, ce musée éclaire le visiteur sur la civilisation brillante qui s'épanouissait sur l'île jusqu'à l'explosion du volcan vers 1630 av. J.-C. (p. 38). Les objets viennent du site d'Akrotiri (p. 67), la ville cosmopolite et marchande de Santorin. Les métiers étaient organisés par guildes : peintres, potiers, charpentiers, etc. Pleines de vie et de couleurs, les peintures murales qui ornaient les maisons ne peuvent que nous émerveiller : des singes bleus jouent dans les rochers, un jeune pêcheur transporte ses poissons, des femmes cueillent du safran ou des papyrus...

*Exactement entre la gare des bus et la cathédrale orthodoxe • ☎ 228 60 23 217 • Été : lun. 8h-15h, mar. 12h-20h, jeu.-dim. 8h-20h ; hiver : mer.-lun. 8h-15h (vérifiez les horaires avant la visite) • Entrée : 6 €.*

## 3 Musée archéologique✦

Ce musée, qui mériterait d'être rafraîchi, présente quelques découvertes archéologiques de l'île, en particulier dans l'ancienne Thira : kouroi en marbre, lion archaïque, poteries de l'époque géométrique (VIII$^{e}$-VII$^{e}$ s. av. J.-C.) et plus tardives... et une intéressante figurine en terre peinte, du VII$^{e}$ s. av. J.-C., représentant une pleureuse.

*À côté du téléphérique, dans le quartier catholique • ☎ 228 60 22 217 • F. pour rénovation (durée des travaux inconnue à ce jour).*

## 4 Quartier catholique✦✦

Au nord de Fira, à partir du Musée archéologique, la pression touristique se fait soudain moins forte en pénétrant dans le quartier catholique : la **cathédrale Saint**

### *Pause sur la caldeira* : Volkan on the Rocks

La superbe terrasse de ce café offre un tête-à-tête grandiose avec le volcan. On s'y régale d'excellents cafés, de brunchs à toute heure de la journée, de mezzés à base de produits du terroir... L'ambiance y est élégante et décontractée, surtout le soir quand une comédie grecque est projetée sur la toile du petit cinéma en plein air à 20h (en alternance *Mama Mia!* et *My Big Fat Greek Wedding*). À savoir : la maison produit la bière Volkan, l'une des trois microbrasseries de l'île.

*1 Markou Nomikou, sous le bel édifice néoclassique rose du centre de conférences Nomikos, quartier catholique • ☎ 228 60 28 360 • volkanontherocks.com • Juin-oct. : t.l.j. 10h-minuit • Résa conseillée au coucher du soleil • Bière et verre de vin 6 € ; œufs pochés 12 €.*

## Le rocher de Skaros

**Fira s'est tant développé que le fil du cratère est désormais couvert d'hôtels avec piscine jusqu'au village d'Imerovigli, qui occupe le plus haut point de la caldeira. Une pyramide rocheuse brune couronne la falaise faisant face à Imerovigli : Skaros, autrefois citadelle, était l'ancienne capitale vénitienne. Comme le reste des Cyclades, Santorin est passée sous domination vénitienne en 1207, après la quatrième croisade. Pour se protéger de leurs ennemis et des pirates, les Latins s'installent alors sur ce rocher, qui occupe un point stratégique au centre de la caldeira. De leur côté, les Grecs orthodoxes vivent à Pyrgos, l'autre village bâti sur un éperon rocheux. Mais à cause des séismes et avec la disparition de la piraterie, les habitants de Skaros déménagent à Fira à la fin du XVIIIe s., créant le quartier catholique. En 1811, les nonnes du couvent des Dominicaines (fondé en 1596) sont les dernières à quitter Skaros, désormais complètement abandonné et couvert de quelques ruines.**

*Voir la randonnée pour explorer Skaros, p. 40.*

**Jean-Baptiste** (fondée en 1823), le couvent des Dominicaines dédié à sainte Catherine (1811), les maisons patriciennes dont celle des Gyzi transformée en musée… distillent une atmosphère calme.

Ce quartier, également appelé Frangkika, abrite la petite communauté catholique de l'île (environ 150 membres), dont l'origine remonte à la période de domination vénitienne (XIIIe-XVIe s.). Certaines églises sont remarquables, comme l'église **Agios Stylianos** posée à la verticale de la falaise (entre le téléphérique et le centre de conférences Nomikos), ou encore, en direction de Firostefani, **Koimisi Tis Theotokou**, l'église de l'Assomption de la Vierge, aussi appelée les Trois Cloches de Fira. À l'entrée de cette dernière, une carte installée par le diocèse indique comment avoir le meilleur angle de vue pour photographier son dôme bleu et ses cloches se détachant sur la mer. Eh oui, l'une des églises les plus iconiques de Santorin est catholique !

### 5 Musée Gyzi-Megaron✦

Située dans le quartier catholique, cette maison patricienne date de 1700. Elle appartenait aux Gyzi, une famille vénitienne. Intéressantes collections de gravures du XVe au XIXe s. et de photos prises avant le tremblement de terre de 1956. Festival de musique en août.

*Tout près du Musée archéologique • ☏ 228 60 23 077 • http://gyzimegaron.gr • Mai-oct. : lun.-sam. 10h-16h • Entrée : 3 €.*

IMEROVIGLI OIA (à pied)
7, 3, 1
OIA (par la route)
N
À voir / À faire
Restos et bistrots
Bars, clubs et sorties
Shopping
Hôtels et B&B
FIROSTEFANI
Agiou Athanasiou
Église catholique Koimisi Tis Theotokou
Markou Nomikou
KONTOHORI
25is
Quartier catholique
Erithrou
Martiou
Église Agios Stylianos
Agiou Ioannou
Musée Gyzi-Megaron
Cathédrale catholique
Stavrou
Georgiou
Koveou
téléphérique
Musée archéologique
Ipapantis
KENDRAKI PLATIA
Agiou Athanasiou
25is
M. Danezi
Desigala
Martiou
Cœur du village
PL. THEOTOKOPOULOU
Caldeira
Mitropoleos
Cathédrale orthodoxe
Desigala
Musée préhistorique
0
100
200 m

# Restos Bistrots

## Kapari

### Taverne traditionnelle 2

Kostas a monté cette petite taverne avec quelques bonnes recettes de sa grand-mère, originaire de Corfou. Il propose une cuisine grecque originale et délicieuse, comme la feta à l'ouzo et au miel ou le veau au yaourt et au vinsanto, le vin doux de l'île. Agréable cour, à l'écart du Fira touristique.

*25is Martiou, Fira • ☎ 228 60 27 086 • santorinikapari.gr • En saison : t.l.j. 16h-minuit • De 14 à 20 €.*

## Panigyri

### Jardin 3

Voici une sympathique adresse dont vous apprécierez l'atmosphère accueillante avec son jardin arboré, sa décoration fraîche et son personnel souriant. On y sert une cuisine grecque contemporaine savoureuse (testez le combo de Santorin, qui permet de goûter à de nombreuses spécialités de l'île) mais aussi de délicieux petits déjeuners (mention spéciale pour les cafés et le yaourt aux noisettes). Musique *live* chaque lundi soir. Ne pas se laisser rebuter par la route passante : le jardin est tranquille.

*Agiou Athanasiou, Fira • ☎ 228 60 22 595 • En saison : t.l.j. 9h-minuit • De 25 à 30 €.*

## Lombranos

### Taverne traditionnelle 4

Il vaut la peine de dégringoler les quelque 600 marches qui relient Fira à son vieux port pour déjeuner ou dîner dans cette excellente taverne traditionnelle et populaire. On y va pour le cadre grandiose et pittoresque du port, situé au pied de la falaise, mais aussi pour l'authenticité de l'accueil et pour la qualité de la cuisine. Au bord de l'eau, on s'y régale de salades, poissons, poulpes et calamars grillés sans chichis. Une pause repas à faire avant ou après l'excursion en bateau dans la caldeira. Magnifique au coucher du soleil.

*Vieux port de Fira • ☎ 228 60 25 173 • En saison : t.l.j. 11h30-21h30 • De 18 à 25 €.*

## Aktaion

### Taverne traditionnelle raffinée 5

Nappe vichy blanc et bleu, salle grande comme un mouchoir de poche décorée d'objets anciens, terrasse minuscule : cette authentique taverne (depuis 1922 !) sert une cuisine traditionnelle grecque particulièrement raffinée avec quelques spécialités de l'île comme

les aubergines blanches fumées ou les beignets à la tomate. Le jarret d'agneau à la tomate est délicieux. Trois générations se sont succédé : le site Internet raconte avec tendresse l'histoire familiale.

***Firostefani • ☎ 228 60 22 336 • www.aktaionsantorini.com• En saison : lun.-sam. 13h-minuit, dim. 18h-minuit • Résa conseillée, surtout si l'on veut l'une des rares tables avec vue sur la caldeira • Jarret d'agneau : 18 €.***

## To Briki

### Restaurant et café avec vue 6

En balcon sur la caldeira, cette adresse récente – mais qui se veut traditionnelle – est tenue par une sympathique famille locale. Souriants, les fils sont au service, tandis que dans un coin le père veille. Riz aux épinards, salade verte aux abricots secs, tarama servi avec de la betterave grillée... la cuisine grecque peut faire preuve de petites touches d'originalité. Le nom du restaurant vient de la petite casserole dans laquelle est préparé le café grec : il est fabriqué ici dans les règles de l'art et est servi accompagné de *glyko tou koutaliou* (fruits au sirop).

***Firostefani • ☎ 228 60 25 226 • www.tobriki.com • En saison : t.l.j. 10h-minuit • De 20 à 30 € ; verre de vin à partir de 5 €.***

## La Maison

### Restaurant gastronomique avec vue 7

Une terrasse dépouillée faisant face à la caldeira. Des plats sophistiqués aussi sublimes que la vue. Une cuisine contemporaine ultra-raffinée où le chef Dimitri Samourakis joue sur les saveurs locales et parfois asiatiques. Ceviche de daurade et son caviar d'algues, langoustine aux carottes et à la citronnelle, oursin et sardines au piment d'Espelette, bœuf *koji* à la crème de truffe sont ainsi servis dans un beau service en porcelaine blanche. Attention, les portions sont petites. On conseille donc, pour être rassasié, l'un des menus faisant défiler 8 ou 12 plats.

*Imerovigli (ruelle allant vers Fira) • ☎ 228 60 25 649 • Instagram : lamaisonrestaurant • Juin-sept. t.l.j. 18h30-22h • Menu dégustation à partir de 90 € (8 plats).*

# Bars, clubs Sorties

## Kira Thira

### Jazz bar 1

Au plafond un violoncelle, sur les murs une trompette et un cor, dans un coin Dimitri, le patron imperturbable, avec son catogan et ses dreadlocks blanches : devant un verre de sangria, il diffuse depuis 1976 les meilleurs morceaux de blues et de jazz sur ses platines. Il a pris racine sur l'île en transformant en bar une petite maison au toit voûté. Il ne s'attendait pas à ce que Santorin évolue tant au fil des ans, mais, lui, reste fidèle à lui-même, loin de la folie du monde. Un bijou à l'atmosphère chaleureuse au milieu des boutiques criardes de Fira.

*Erithrou Stavrou • ☏ 228 60 22 770 • Ouv. toute l'année • Bière 6 € ; cocktail 10 €.*

## Koo Club

### Club chic 2

Depuis 1988, c'est l'un des grands clubs de l'île. Dans un patio planté de palmiers, les terrasses s'étagent, la plus haute étant réservée au DJ et à ses platines. Musique électro et tubes.

*Erithrou Stavrou • www.kooclub.gr • En saison : t.l.j. 22h30-4h • Entrée avec consommation : 10-20 €.*

## To Navagio

### Bar à cocktails 3

Occupant une ancienne petite maison de capitaine, orange et blanche, ce bar à la fois minimal et classique propose des cocktails raffinés concoctés d'une main de maître. Spritz, Martini dry, Old fashioned... se sirotent dans la ruelle en balcon sur la caldeira, le regard hypnotisé par la vue magnétique sur la mer et le volcan. Une adresse agréable pour profiter du coucher du soleil.

*Imerovigli (ruelle allant vers Fira) • ☏ 228 60 24 737 • Facebook : Bar to Navagio • En saison : t.l.j. 18h30-2h • Cocktail à partir de 10 €.*

# Hôtels B&B

## Costa Marina Villa

### Hôtel de charme 2

À l'écart du tohu-bohu de la capitale mais loin de la caldeira. Chambres confortables, certaines avec cuisine, balcon et baignoire. L'un des rares hôtels ouverts toute l'année. Bon rapport qualité/prix.

*Petite rue derrière la pl. principale • ☏ 228 60 28 923 • www.costamarina.gr • Ouv. toute l'année • Wi-Fi gratuit • De 120 à 150 €.*

## King Thira

### Hôtel familial 3

Un hôtel familial à l'ancienne et à 3 min de la caldeira, avec des chambres petites et basiques mais très propres. Le propriétaire, Emmanuel, parle le français.

*Entre Fira et Firostefani • ☏ 228 60 23 882 • kthotel@otenet.gr • De 60 à 80 €.*

## Nikolas Hotel

### Hôtel de charme 4

Un petit hôtel de 18 chambres, simple et calme, construit autour d'une jolie piscine.

*Karterados, à 20 min à pied à l'E de Fira • 228 60 23 912 • www.nikolashotel.gr • De 100 à 125 €.*

# Shopping Cadeaux

## Galerie Eduart Gjopalaj

### Sculpture sur bois 1

Cette élégante galerie occupe l'une des ailes du musée Gyzi. Chevaux au galop, couple enlacé, mains tendues l'une vers l'autre, vol d'oiseaux, mais aussi idoles cycladiques ou visages sereins… Avec beaucoup de réalisme et de finesse, Eduart Gjopalaj capte le mouvement en relief. Cet artiste albanais vit sur l'île depuis son adolescence. Avec un peu de chance, vous le verrez travailler sur son établi, où il sculpte ses dernières œuvres. Olivier, cerisier, chêne, eucalyptus, iroko… il aime jouer avec différents bois, qu'il réunit parfois en damier.

*Dans le musée Gyzi-Megaron, entre la cathédrale et le couvent des Dominicaines • 228 60 23 199 • Instagram : eg_arts.shop • En saison : t.l.j. 9h30-22h • À partir de 8 € (maisonnettes stylisées).*

Galerie Eduart Gjopalaj

# LES MEILLEURES TAVERNES DE SANTORIN

**Santorin est une destination gastronomique où les produits du terroir ont le vent en poupe. Aubergine blanche, tomate cerise, fromage des Cyclades ou de Crète, viande de Naxos, poulpe et poisson frais sont accompagnés par les vins remarquables de l'île. Autant d'ingrédients cuisinés à merveille dans de charmantes adresses.**

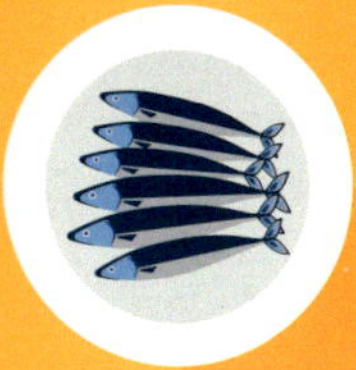

## Aktaion

Sur le fil du cratère, cette minuscule taverne est restée dans son jus depuis 1922. Un cadre authentique et une cuisine traditionnelle raffinée.

*Voir p. 30 • Fira et ses environs.*

## Mesa Pigadia

Une plage hors des sentiers battus, une famille adorable, une cuisine grecque créative : on adore cette petite taverne face à la mer.

*Voir p. 72 • Le sud de l'île.*

## Metaxi Mas

Avec sa cuisine crétoise généreuse et gourmande, ce restaurant haut perché – et autrefois secret – est devenu incontournable.

*Voir p. 51 • Le centre de l'île.*

## To Psaraki

Dans une taverne sans prétention, du poisson frais et des légumes de saison cuisinés par un grand chef.

*Voir p. 71 • Le sud de l'île.*

## Penelope's

Lovée dans les ruelles de Pyrgos, cette *ouzeri* toute de bleu et de blanc offre une vue magnifique et de délicieux mezzés à savourer.

*Voir p. 55 • Le centre de l'île.*

## Kyprida

Le meilleur restaurant d'Oia et le plus calme. On y sert des spécialités chypriotes sur un toit-terrasse romantique.

*Voir p. 45 • Oia et la pointe nord.*

*Taverne à Firostefani*

# EXCURSION AU CŒUR DU VOLCAN

**Ne vous contentez pas du spectacle de la caldeira vue du haut : embarquez sur un bateau pour fouler les îlots brûlés et plonger dans les eaux chaudes. Vous prendrez conscience de la taille de ce volcan toujours actif ! En goélette ou en catamaran, c'est un must à Santorin.**

INFORMATIONS PRATIQUES

>> Agences proposant l'excursion

- Nomikos Travel : Fira et Athinios • ☎ 228 60 23 660.
- Pelican Travel : Fira et Athinios • ☎ 228 60 22 220.
- Santorini Sailing : excursion en catamaran • www.santorinisailing.com

>> Autres infos

- Tarifs : goélette (de 2 à 5h), env. 26 € pour le volcan et les sources d'eau chaude. Catamaran de 100 à 160 €.
- Prévoir de bonnes chaussures pour marcher sur Néa Kaméni (pierre abrasive, éviter les tongs), un chapeau, de l'eau et de la crème solaire.

Sur Néa Kaméni

## Le choix du port

Le choix le plus économique pour l'excursion : embarquer sur une goélette en bois, qui se prend soit au port moderne d'Athinios (sans charme), soit à celui de Fira, pittoresque et spectaculaire. On recommande cette dernière option : dégringoler quelque 600 marches pour rejoindre l'ancien port lové au creux de la caldeira participe à l'aventure. Tout en bas on trouvera en plus une bonne taverne traditionnelle (Lombranos, p. 30). Comptez 20 minutes à pied. Autres possibilités : les télécabines (toutes les 30 min ; 6 €) ou à dos d'âne, comme autrefois.

## Marcher sur la lave

La goélette vous dépose à Néa Kaméni, la « Nouvelle Brûlée », îlot né entre 1570 et 1925 et aujourd'hui classé parc géologique naturel (entrée 5 €). Paysage lunaire, lave noire et craquelée, fumerolles et cristaux de soufre : pendant une petite heure, on marche dans les entrailles de la Terre. Émotions garanties quand vous atteignez le sommet (127 m d'altitude) : vous vous trouvez alors au centre de la caldeira avec une vue à 360° sur les falaises et la mer.

## Les sources d'eau chaude

Une deuxième escale est possible aux sources d'eau chaude (en fait à peine tiède) qui se trouvent à Palia Kaméni (« l'Ancienne Brûlée », apparue il y a 2000 ans). Vous pouvez plonger depuis le bateau pour rejoindre à la nage la crique couleur rouille et au fond boueux (excellent pour la peau). Attention si vous tenez à votre maillot : la boue peut tacher les tissus clairs. Selon la formule choisie, une troisième escale est proposée à Thirassia (pause déjeuner au port touristique de Korfos, mieux vaut alors grimper à Manolas, la capitale ; voir Thirassia p. 78). On peut aussi parfois descendre à Ammoudi, le port d'Oia. Selon l'heure, vous profiterez du coucher du soleil depuis le pont du navire.

## En catamaran

Beaucoup plus chère, l'autre version de cette balade au creux de la caldeira se fait en catamaran. L'embarquement a lieu à la marina Vlychada et permet de découvrir les plages du sud de l'île : on se baigne à Red Beach et White Beach avant d'entrer dans le cratère. L'excursion dure alors 5h et inclut boissons et repas à bord. Parce que cette formule est en vogue, une flottille de catamarans part au même moment (vers 10h et 15h).

*Bateaux amarrés à Néa Kaméni*

# LE VOLCAN DE SANTORIN : DU MYTHE À LA RÉALITÉ

**Avec ses 83 km², la caldeira de Santorin est l'une des plus vastes du monde. L'île fut pulvérisée il y a 3600 ans par un gigantesque cataclysme. En partie immergé et toujours en activité, le chaudron du volcan offre un spectacle hypnotisant.**

## Une montagne dans la mer…

Il y a 5 millions d'années, à la place de la mer Égée, un plateau continental reliait l'Europe à l'Asie et à l'Afrique. La **dérive des continents** a ouvert ce plateau, qui a été progressivement recouvert par la mer. Les îles de la mer Égée sont ainsi les cimes d'anciennes montagnes ! Le glissement de la plaque africaine sous la plaque européenne a aussi donné naissance à un **immense arc volcanique** passant par Égine, Milos et Santorin. Et de toutes ces îles volcaniques, Santorin est de loin la plus active…

## L'éruption minoenne

Vers 1630 av. J.-C., Santorin fut le théâtre d'un des grands cataclysmes de l'histoire de l'humanité. On sait peu de choses de cette « éruption minoenne », mais les hypothèses scientifiques dépeignent **une véritable apocalypse** : 90 milliards de tonnes de roche en fusion et 39 km³ de magma auraient été crachés par la Terre – on a retrouvé des cendres jusque dans la calotte glaciaire du Groenland ! Le ciel se serait obscurci sur l'ensemble du globe, le plongeant dans un hiver volcanique où la température aurait baissé de 1 ou 2 °C. Un immense tsunami aurait balayé les côtes de la Méditerranée orientale, provoquant probablement le déclin de la civilisation minoenne en Crète. Quant à Santorin, l'île jusque-là circulaire s'effondra sur elle-même. Il en résulta une **immense caldeira** entourée désormais de trois îles, Thira (Santorin), Thirassia et Aspronissi.

## La Pompéi grecque

À l'époque de cette explosion colossale, Santorin abritait une brillante civilisation, dont la capitale était établie à **Akrotiri** (p. 67), dans le sud de l'île. Les fouilles entreprises à partir de 1967 ont révélé de vastes demeures et des fresques merveilleuses, parfaitement conservées sous leur manteau de cendres. Vous pouvez les admirer notamment au **Musée préhistorique de Fira** (p. 27) et au Musée archéologique d'Athènes. Contrairement à Pompéi, où des corps pétrifiés dans la cendre ont été exhumés, les ruines de la cité ensevelie étaient vides : Santorin a dû trembler un grand nombre de fois avant d'exploser, car les habitants semblent avoir quitté l'île avec leurs biens les plus précieux…

## Un volcan toujours actif…

L'éruption minoenne est la plus puissante qui ait été identifiée, mais elle ne fut pas la première (depuis 400 000 ans, des centaines d'éruptions ont eu lieu à Santorin), ni la dernière ! En 197 av. J.-C., le géographe Strabon relate une éruption qui donne naissance à un îlot au centre de la caldeira, avant de disparaître englouti par la mer. En 46 apr. J.-C., nouvelle éruption, nouvel îlot : **Paléa Kaméni,** toujours visible aujourd'hui. Au VIII$^{e}$ s., une explosion projette un gigantesque nuage de cendres et agrandit Paléa Kaméni. Puis, entre 1570 et 1573, une éruption donne naissance à l'îlot de Mikri Kaméni. Son voisin, **Néa Kaméni**, apparaît en 1707. Entre 1866 et 1870, le volcan multiplie les éruptions, entre colonnes de gaz et projections de cendres et de lave. Néa Kaméni triple de superficie.

## … aux XX$^{e}$ et XXI$^{e}$ siècles

La première moitié du XX$^{e}$ s. est particulièrement active. En 1925, Néa et Mikri Kaméni fusionnent. Puis le volcan entre de nouveau en activité en 1939-1941. La **dernière éruption** en date remonte à 1950. Et un terrible **séisme** ébranle l'île en 1956, provoquant une cinquantaine de morts. Depuis, plus rien, à part des sources d'eau chaude et des fumerolles sur Néa Kaméni. Mais en 2011 les scientifiques ont noté une accumulation de lave à 4 km sous l'île. Le volcan, étroitement surveillé, pourrait bien de nouveau se réveiller…

*Santorin, îlots de lave au centre de la caldeira*

# RANDONNÉE DE FIRA À OIA, SUR LE FIL DU CRATÈRE

**C'est sans doute la randonnée la plus spectaculaire des Cyclades. Reliant entre eux les deux principaux villages de Santorin, le chemin oscille entre ruelles blanches enchevêtrées et sentiers de pierres volcaniques flirtant avec le vide. Chaque instant offre une vue magnétique sur la caldeira.**

INFORMATIONS PRATIQUES

- Départ et arrivée: départ de Fira, la capitale (nombreux parkings), pour arriver à Oia, le village à la pointe nord de l'île. Retour en bus ou en taxi.
- Durée: env. 3h (1h de plus avec le crochet pour le rocher de Skaros).
- Balisage: il n'y a qu'un sentier, impossible de se tromper.
- Distance: 10 km.
- Dénivelé: env. 300 m.
- Difficulté: assez difficile (prévoyez de bonnes chaussures car le sentier est parfois rocailleux).

## Recommandation

Attention au soleil en été. À faire très tôt le matin ou en fin de journée pour profiter du coucher du soleil à Oia à l'arrivée (mais attendez-vous alors à des embouteillages de piétons).

## Fira, la capitale

À Fira, suivez les panneaux pour les téléphériques puis traversez le quartier catholique. La capitale ne cessant de s'agrandir, les maisons blanches et les hôtels ont depuis longtemps englobé le village de Firostefani et rejoindront bientôt le village suivant d'Imerovigli. En ligne de mire, le rocher de Skaros.

## Le rocher de Skaros

**Imerovigli** (30 min du départ) est le plus haut village perché au-dessus de la caldeira (à 350 m). Si vous êtes en jambes, vous pouvez descendre sur le **rocher de Skaros**, une pyramide brune et solitaire qui s'avance vers le centre du cratère. Du XIII^e^ au XVIII^e^ s., ce promontoire d'origine volcanique fut le siège de la capitale de l'île, couronnée par une citadelle vénitienne. Les vestiges de la citadelle et du village ont presque tous été emportés par le terrible tremblement de terre de 1956 mais, juste derrière le rocher, au bout du sentier (20 min), vous arriverez à la **Panagia Theoskepasti**, avec sa terrasse suspendue dans le vide et une vue magique.

## Tête-à-tête avec le volcan

Dès que l'on quitte Imerovigli en direction d'Oia, on s'engage sur **la portion la plus sauvage du sentier**, parfois pavé de galets, parfois couvert de sable ou de cailloux abrasifs. La vue est spectaculaire. Au fil de la balade, les **chapelles toutes de bleu et de blanc** (Agios Georgios, Agios Antonios, Profitis Ilias ou Stavros) sont autant d'occasions de faire une pause.

## Oia, le village iconique

Arrivée à **Oia** : le premier bâtiment que l'on croise est la petite usine de désalinisation qui alimente l'île en eau douce. Puis se succèdent une ribambelle d'hôtels chics avec leurs piscines débordant sur la mer. Il est temps de se sustenter dans l'un des restaurants du village ou, mieux, de se rendre à **Ammoudi**, le petit port en contrebas (moins de 10 min pour descendre). Là, depuis les rochers, on peut se rafraîchir dans une eau translucide et faire une pause dans l'une des tavernes sur le port (p. 46).

*Flirtant avec le vide, le sentier file sur le bord du cratère, avec Oia en ligne de mire*

# OIA
# ET LA POINTE NORD

2

**Un village iconique qui s'étire sur le fil du cratère, un coucher de soleil célèbre dans le monde entier, des routes et des ruelles alambiquées et étroites... Victime de son succès, Oia est souvent saturée de monde. Il suffit pourtant d'y aller le matin ou de sortir des sentiers battus pour profiter de la pointe nord de l'île, qui a bien d'autres trésors à offrir que ses maisons enchevêtrées et sa vue magnétique.**

Oia

## 1 Oia✦✦✦

Oía

Célébrissime pour son coucher de soleil, voici le village le plus photographié des Cyclades ! Imbriquées les unes dans les autres, ses maisons troglodytiques et ses chapelles à coupole bleue dégringolent avec panache dans la caldeira. En plein boom ces 20 dernières années, Oia est la destination phare des couples en lune de miel, et ses hôtels de luxe se sont multipliés. Mais le charme continue d'opérer, surtout le matin, avant que la foule n'arrive.

À l'extrémité du village (et de la caldeira) se dressent les ruines de l'ancienne forteresse vénitienne, le château Saint-Nicolas : la vue y est fantastique et c'est le spot le plus prisé pour le coucher du soleil. Le vieux centre se trouve juste avant : le haut du village est ici constitué de maisons néoclassiques, dont une qui accueille le superbe **Musée maritime** (☎ 228 60 71 156 ; t.l.j. sf mar. 10h-14h et 17h-

20h ; entrée : 3 €). Au XIXᵉ s., ce village d'armateurs et de capitaines connut la prospérité grâce au commerce du vin exporté dans la région d'Odessa, en mer Noire. Les bateaux partaient d'Ammoudi et d'Armeni, deux petits ports en contrebas du village.

Gravement endommagée par le tremblement de terre de 1956, Oia a sombré dans une grande misère avant que quelques artistes n'entreprennent sa reconstruction et que le village ne connaisse un développement exponentiel, au point de ressembler aujourd'hui à Fira, en plus chic et plus charmant.

***À 10 km à l'O de Fira • Bus régulier.***

## 2 Se baigner autour d'Oia✦✦

Creusées dans la falaise rougeoyante, 235 marches séparent Oia du minuscule port d'**Ammoudi**, également accessible par la route (à 1 km). Là, quelques caïques colorés dansent en face des tavernes L'eau est si claire que certains n'hésitent pas à se baigner. Mieux vaut cependant prendre à gauche et marcher pendant 5 min jusqu'aux rochers qui font face à l'îlot Saint-Nicolas.

À mi-chemin sur la route entre Oia et Ammoudi, une piste mène à **Katharos**, plage

## Plan d'Oia

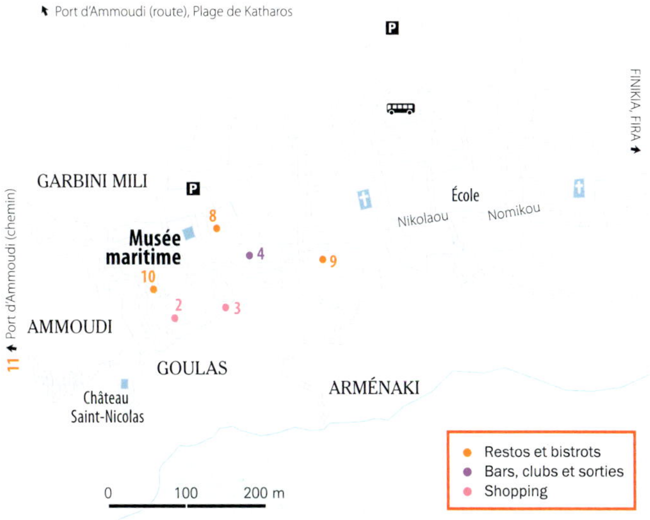

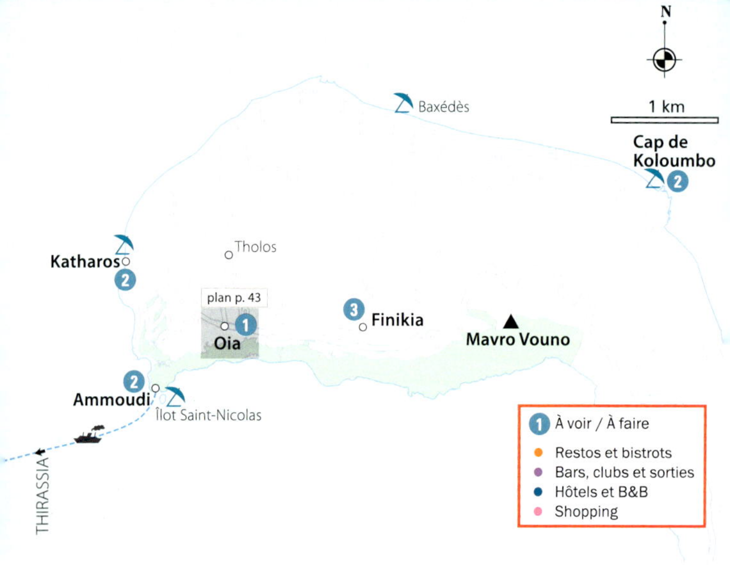


superbe et peu fréquentée : galets gris, pierres ponces blanches et pierres rondes noires forment trois bandes de couleur sous la falaise en tuf de couleur crème. Attention au courant, dangereux quand souffle le *meltem*.

Sable et galets noirs sous une belle falaise grise : la **plage du cap de Koloumbo** est un secret bien gardé. À 5 km au nord-est d'Oia par la petite route qui longe la côte nord, le sentier apparaît au moment où la route s'éloigne de la mer en formant un grand virage (5 min à pied depuis le creux du virage ; possibilité de se garer).

## 3 Finikia**

### Φοινικιά

À l'entrée d'Oia, à droite de la route principale, un petit village plein de charme se cache en contrebas. Ses maisons troglodytiques blanches, saumon ou abricot se blotissent au creux d'un vallon et ne sont accessibles qu'aux piétons. Un palmier courbé se dresse devant l'église ocre du village, Matrona (la Vierge), qui doit sa construction aux Vénitiens. Parce qu'il ne regarde pas la caldeira, le village est resté préservé. La vue est pourtant superbe sur

Plage de Katharos

l'île d'Ios et sur les vignes qui descendent en pente douce jusqu'à la mer. Trois tavernes et quelques hôtels et pensions relient le village au tourisme.

***À 9 km au N de Fira • Bus régulier depuis Fira.***

## *Pause romantique :* Kyprida

Jean-Luc et Hellada, un couple franco-chypriote, tiennent ce restaurant raffiné, spécialisé dans la cuisine chypriote, un savoureux mélange de saveurs grecques et libanaises. Champignons au vin et à la coriandre, rouleaux frits au *halloumi* (fromage de chèvre), feuilles de vigne à la viande… On recommande la *pikilia* qui fait défiler une quinzaine de plats sur la table. Atmosphère romantique du toit-terrasse, à deux pas du tohu-bohu de la ruelle commerçante. Musique *live* tous les mercredis soir.

**8** ***Oia, dans une petite rue parallèle à la rue piétonne principale, entre la poste, le Musée naval et le siège de la commune • ☎ 228 60 71 979 • www.kyprida.gr • T.l.j. 12h-23h (minuit mer.) • 68 € la*** **pikilia** ***pour deux.***

## Restos Bistrots

### Melenio

**Café-pâtisserie avec vue** 9

Baklava, *portokalopita* (gâteau à l'orange), *galaktoboureko* (gâteau fourré à la crème) mais aussi sandwichs et salades : cette pâtisserie sympathique jouit de la vue magnifique sur quelques-unes des plus fameuses coupoles bleues de Santorin.

*Oia, dans la rue principale piétonne Nikolaou Nomikou • ☎ 228 60 71 149 • En saison : t.l.j. 9h-minuit.*

### Vitrin

**Café-crêperie avec vue** 10

Au bout du village d'Oia, là où tout le monde se presse pour regarder le coucher du soleil, ce minuscule café-crêperie offre huit tables sur sa terrasse. On y prend un verre, une salade, une crêpe ou un yaourt au miel tout en profitant du spectacle.

*En descendant les escaliers à l'extrémité ouest d'Oia • ☎ 228 60 71 414 • En saison : t.l.j. 9h-22h • Café 3 €, crêpes 5-8 €.*

### Katina

**Au bord de l'eau** 11

Le port d'Oia est accessible à pied par les escaliers ou par la route. Sous la falaise rouge et face aux caïques dansant sur l'eau, on se régale de rougets, daurades et langoustes fraîchement pêchés. Avec ses chaises orange, Katina est la taverne traditionnelle la plus graphique du port.

*Ammoudi • ☎ 228 60 71 280 • En saison : t.l.j. 12h-minuit • De 20 à 30 € ; poisson frais autour de 60 €/kg.*

## Bars, clubs Sorties

### To Hassapiko

**Bar à cocktails dansant** 4

Pour les cocktails créatifs et l'ambiance rétro, voici le meilleur bar de Santorin. Originaire de Tinos, Marikay, l'âme du lieu, l'a fondé en 1991. Ses cocktails mixent les meilleurs alcools aux fruits, épices, fleurs et herbes, comme le très coloré Velvet Touch à la violette. Funk, soul, jazz font vibrer le dance floor, mais attention, de 22h à 1h du matin, c'est bondé : les clients débordent dans la rue. Comme

Taverne les pieds dans l'eau à Ammoudi

l'indique son nom, To Hassapiko était une ancienne boucherie. Sert aussi d'excellents cafés, des crêpes et des sandwichs en journée.

*Oia, Nikolaou Nomikou • 228 60 71 244 • www.hassapiko.gr • En saison : t.l.j. du matin jusque tard dans la nuit.*

## Shopping Cadeaux

### Galerie Oria

**Galerie photo** 2

Installé depuis plus de 20 ans à Oia, Nikos Rigopoulos s'inspire de la force de la nature, de la patine du temps et des lignes graphiques de Santorin. Ses photographies en noir et blanc sont souvent relevées d'une touche de couleur : une porte verte, une coupole bleue, une céramique rouge pour un résultat graphique. Tirage sur canevas en coton de qualité. Charmant et très accessible, le photographe conseille la lumière du matin aux photographes amateurs.

*Oia, ruelle principale juste avant les escaliers qui descendent à Ammoudi • 228 60 71 980 • oiasantorinigallery.com • En saison : t.l.j. 10h-22h • À partir de 25 € la toile, 10 € la carte postale. 250 € l'heure de séance photo.*

## Iota's Bag

### Sacs

3

Bien cachée, cette microboutique à la façade rose patinée fait aussi atelier : la lumineuse Iota y crée des sacs et des portefeuilles en cuir (vegan ou non) entièrement à la main. La découpe, les points de couture et les clous sont ainsi faits à la force du poignet, donnant un effet vraiment artisanal à ses créations originales et colorées. Une adresse secrète à Oia, quelques marches en contrebas de la ruelle principale, au niveau de l'église Agios Nikolaos.

*Oia • ☏ 69 866 77 956 • Instagram : iotas_handmade_bags_santorini • En saison : t.l.j. 9h-coucher du soleil • Portefeuilles à partir de 20 €, sacs à main à partir de 100 €.*

Iota's Bag

# SANTORIN EN AMOUREUX

**Avec sa caldeira à grand spectacle, ses villages pittoresques, son hôtellerie haut de gamme, sa mer et son soleil, l'île attire les couples du monde entier venus célébrer leur lune de miel, photographe à l'appui... Il existe heureusement de nombreux spots merveilleux pour profiter de manière intime de la formidable énergie de l'île.**

## Hôtel : The Vasilicos

Une chambre creusée dans le tuf volcanique, une piscine à débordement et la vue inouïe sur le volcan ! Le raffinement est au rendez-vous.

*Voir p. 32 • Fira et ses environs.*

## Taverne : Katina

Au pied de la falaise d'Oia, au moment du coucher du soleil, rien n'est plus romantique que de partager une daurade rose au bord de l'eau.

*Voir p. 46 • Oia et la pointe nord.*

## Restaurant : La Maison

Sa terrasse avance vers la caldeira pour offrir un dîner gastronomique et un tête-à-tête grandiose avec le volcan.

*Voir p. 32 • Fira et ses environs.*

## Bar : To Navagio

Au coucher du soleil, les derniers rayons subliment les couleurs de vos cocktails raffinés : à déguster en admirant le volcan.

*Voir p. 33 • Fira et ses environs.*

*Coucher de soleil à Imerovigli*

## Club : Kira Thira

Dans ce club de jazz intimiste à l'excellente programmation musicale, trinquez à l'amour avec un verre de sangria.

*Voir p. 32 • Fira et ses environs.*

## Santorini by Foot

Un couple adorable partage ses secrets sur l'île lors de balades hors des sentiers battus avec pique-nique romantique et album-photo de souvenirs.

*Voir p. 75 • Le sud de l'île.*

# LE CENTRE DE L'ÎLE 3

Le centre de Santorin est dominé par son sommet : le Profitis Ilias (567 mètres), montagne rugueuse et escarpée qui coupe l'île en deux. De part et d'autre se trouvent les deux grandes stations balnéaires de l'île : Kamari et Perissa, où sable noir et beach bars s'étirent sur des kilomètres. Parce qu'ils ne regardent pas la caldeira, les villages autour du sommet sont restés préservés : Pyrgos, Mégalochori et Emborio enchantent avec leurs maisons de poupée enchevêtrées.

Pyrgos

## 1 Pyrgos⁺⁺

Πύργος

À l'écart des grandes trajectoires touristiques, Pyrgos se dresse sur une colline, dans le centre de l'île. Ses ruelles forment un labyrinthe concentrique dans lequel quelques vieux papous vendent leur vinsanto (vin doux) et leurs câpres. Dans ce village de 800 personnes et d'une quarantaine d'églises aux coupoles bleu azur, les fêtes religieuses se succèdent tout au long de l'année au rythme des cortèges de fidèles et des processions.

En partie détruite par le séisme de 1956, la **citadelle vénitienne** (Kastelli) coiffe le haut du village. La balade jusqu'au sommet est hautement récompensée par la vue sur les vignes et la moitié nord de l'île. On y trouvera aussi un petit **musée d'Icônes postbyzantines** (dans l'église d'Agia Triada ; mar.-dim. 10h-16h ; accès libre) et un bar bienvenu après la grimpette. Pyrgos est une agréable alternative à Oia pour admirer le coucher du soleil.

*À 6 km au S de Fira • Bus régulier depuis Fira.*

## 2 Profitis Ilias✦✦✦

Προφήτης Ηλίας

On grimpe au sommet de Santorin pour la vue époustouflante sur l'île. Déjà, la route qui s'élève au milieu des vignes impressionne par le panorama vertigineux qu'elle offre. Tout en haut, ne soyez pas déçu par le monastère fermé (fondé en 1711, on n'en voit que ses fortifications) et les antennes : les moines ont eu la bonne idée d'aménager un superbe point de vue autour d'une chapelle et de sa boutique de produits du terroir (vins, huiles d'olive, tomates séchées, feuilles de câpres...). Les bancs invitent à la contemplation. Magique au coucher du soleil !

*À 4 km au S-E de Pyrgos • Le sentier balisé 1 qui va de Pyrgos à l'ancienne Thira en passant par le Profitis Ilias est spectaculaire dans sa dernière partie aérienne (4,3 km, 2h, difficile) • T.l.j. 9h-coucher du soleil.*

## 3 Église Panagia Episkopi✦✦

Παναγία Επισκοπής

Fondée vers 1115 par l'empereur Alexis Comnène, c'est l'une des rares églises recouvertes de tuiles à Santorin. Son architecture complexe et ramassée lui confère beaucoup d'intimité. Des dizaines d'ex-voto, de colliers et de bagues sont suspendus sur l'iconostase en marbre. Une précieuse icône de la Vierge, dont le visage dégage une grande tendresse, date du XIIe s. Derrière l'église, parmi les vignobles et avec une vue plongeante sur la mer, un caroubier plusieurs fois centenaire offre son ombre aux pèlerins. Un grand pèlerinage a lieu les 14 et 15 août au moment de l'Assomption.

*À 7 km au S-E de Fira • À l'entrée de Messa Gonia, tourner à dr. (panneaux) au carrefour où s'arrête le bus pour Kamari, l'église se trouve ensuite à 700 m à pied • T.l.j. 9h-13h et 17h-20h • Accès libre.*

## *Pause authentique :* Metaxi Mas

La taverne se trouve juste derrière l'immense église d'Agios Charalambos. C'est petit, hors des sentiers battus et très couru par les locaux. Le patron crétois sert des salades originales, des calamars farcis et de l'agneau avec une sauce parfumée à la menthe. Les olives et les desserts sont offerts.

*12 Exo Gonia, village entre Pyrgos et Kamari • ☎ 228 60 31 323 • www.santorini-metaximas.gr • De mi-mars. à début nov. : en principe 14h30-22h (voire plus tard) • De 15 à 25 € • Résa conseillée.*

## 4 Kamari*

Καμάρι

Coincée entre l'aéroport et la montagne, la station balnéaire de Kamari déroule sa large plage de sable noir, bordée de beach bars, tavernes et sports nautiques. Sur 2 km sa promenade aménagée est appréciée aussi bien par les joggers tôt le matin que par les noctambules venus pour l'animation des bars qui y règne le soir. Au pied de la falaise, la plage n'est pas aménagée : elle propose un cadre spectaculaire pour se baigner.

*À 10 km au S-E de Fira ; à 5 km à l'E de Pyrgos • Bus régulier depuis Fira.*

## 5 Ancienne Thira**

Θήρα

Perchée tel un nid d'aigle sur un éperon rocheux (le Mesa Vouno, 369 m), cette cité antique offre des points de vue étourdissants sur la mer. Elle a été fondée au IX$^e$ s. av. J.-C. par les Lacédémoniens (bien après l'éruption minoenne, p. 38) et fut la capitale de l'île jusqu'au III$^e$ s. apr. J.-C. À l'époque hellénistique, les rois égyptiens de la dynastie des Ptolémées en firent une garnison militaire. Les vestiges s'étirent au sommet sur 800 m de long et 150 m de large. Ses ruelles pavées, ses sanctuaires, son agora, ses maisons et ses citernes creusées dans le calcaire témoignent de l'importance de cette cité antique.

***Accessible par la route au-dessus de Kamari (3 km) ou à pied depuis Kamari ou Perissa (fléché ; voir rando p. 62) • ☎ 228 60 23 217 • Mar.-dim. 8h30-15h • Entrée: 6 € • Prévoyez de bonnes chaussures, un chapeau et de l'eau.***

## 6 Mégalochori✦✦

### Μεγαλοχώρι

Bâti au creux d'un vallon, ce village concentrait autrefois l'intelligentsia de l'île avec son école, ses médecins, ses professeurs… Tombé un peu dans l'oubli, il a récemment repris des couleurs et se révèle bien agréable pour une flânerie à l'écart des foules, avec ses ruelles tortueuses, ses deux campaniles ouvragés qui gardent les entrées du vieux centre, ses bougainvillées qui ruissellent sur les murs de sa petite place pimpante… Ne manquez pas son espace culturel unique, dédié à la musique et à la mythologie: le Symposion (p. 60).

***À 6 km au S de Fira, sur la g. de la route entre Pyrgos et Emborio.***

## 7 Lost Atlantis✦

Entre le musée et le parc à thème, ce lieu permet de découvrir de manière interactive et ludique le mythe de l'Atlantide inventé par Platon. Le parti pris est évidemment que l'Atlantide perdue n'est autre que la civilisation brillante qui s'épanouissait à Santorin au II$^e$ millénaire av. J.-C. (avant d'être détruite par la terrible explosion du volcan).

Une heure de visite (maxi) où l'on pose des questions à Platon, observe l'évolution

*Mégalochori*

géologique de l'île en hologramme, joue à marcher sur la lave… Le clou étant l'expérience de cinéma 9D effrayante où l'on se glisse dans la peau des habitants de l'île au moment de l'éruption du volcan : on frôle la mort brûlé par la lave, écrasé par un rocher, étouffé par les cendres, noyé par le tsunami… Frissons garantis. Bémol : dans la réalité, les archéologues n'ont retrouvé aucune trace de corps comme à Pompéi, ni d'objets précieux, ce qui prouve que les habitants ont eu le temps d'évacuer l'île. Pas très scientifique donc, mais hautement divertissant et instructif malgré tout ! Les enfants adoreront.

*Mégalochori (à 500 m du village sur la route d'Akrotiri) • ☏ 228 60 85 076 • www.lost-atlantis.com • D'avr. à mi nov. : t.l.j. 10h-21h • Entrée : 12 €.*

## 8 Emborio✦✦

### Εμπορείο

Emborio occupait autrefois une place centrale dans le commerce de l'île (*emborio* signifie « commerce » en grec). Adossé à la plus haute montagne de Santorin et entouré de terres fertiles, il profitait de la proximité du port de Perissa.

L'entrée du village est gardée à gauche par la **forteresse vénitienne de Goulas** et à droite par huit moulins alignés sur une crête. Peu de personnes visitent son centre médiéval, qui est pourtant une petite merveille : deux passages permettent d'entrer dans cette citadelle, le **Kastelli** (appelé Kastro dans les autres Cyclades), qui correspond à l'habitat médiéval fortifié, dont l'enceinte était constituée par les murs extérieurs des maisons. À l'intérieur, celles-ci sont imbriquées les unes dans les autres autour de l'imposant campanile moderne de la **Palea Panagia**. L'ensemble dégage un charme fou. Escaliers, murs, fenêtres : tout est arrondi ou biseauté. De belles pierres volcaniques se détachent des murs en crépi pastel ou blanc. Au fur et à mesure que l'on s'enfonce dans le dédale des ruelles étroites, les maisons se font de plus en plus petites.

*À 12 km au S de Fira • Tourner à g. après avoir dépassé le village de Mégalochori • Bus régulier.*

## 9 Perissa✦

### Περίσσα

L'ancien port d'Emborio est devenu la plus grande station balnéaire de l'île. La plage s'étire sur 7 km : parasols, activités nautiques et centres de plongée sont installés sur le sable gris, tandis que tavernes et bars branchés se succèdent de l'autre côté de la route. La plage traverse les localités de **Perissa**, assez familiale, **Perivolos**, plus branchée, puis **Agios Georgios** et **Exomytis**, où les commerces moins nombreux offrent un peu plus de tranquillité.

*À 13 km au S-E de Fira via Mégalochori et Emborio • Bus régulier depuis Fira • Au pied du rocher à Perissa, un bateau fait la navette avec Kamari (p. 52) entre 10h et 16h30, voir p. 60.*

Plage de Perissa

Restos | Bars | Hôtels | Shopping | Activités

# Restos Bistrots

## Brusco

**Végétarien / terrasse** 13

Petits déjeuners, brunchs, grandes assiettes végétariennes ou vegan, mais aussi une petite boutique pointue de produits du terroir (herbes, miels, bières locales...). Une adresse sympathique tenue par des jeunes. Agréable terrasse ombragée par des arbres.

*Pyrgos • 228 60 30 944 • Fin mars-début nov. : t.l.j. 8h-1h • De 8 à 15 €.*

## Penelope's

**Ouzeri** 14

On adore cette adresse perchée dans le village de Pyrgos, avec ses tables et chaises au bleu céruléen au milieu d'un enchevêtrement de ruelles blanches et de coupoles azur. Les mezzés sont à la hauteur du cadre de carte postale et de la vue : on s'y régale de feuilles de vigne, d'anchois marinés, de boulettes de viande, mais aussi, le matin, d'un savoureux petit déjeuner grec (omelettes, *pites*...). L'été, on évite d'y aller de 15 à 18h quand il fait trop chaud. Un spot parfait pour prendre l'apéro ou dîner au coucher du soleil.

*Pyrgos, sous l'église Métamorphosis • ✆ 228 60 33 192 • En saison : t.l.j. 8h-23h • Repas 15-25 €.*

## Captain's Corner

### Taverne traditionnelle 15

La qualité et les prix ne bougent pas depuis des années pour cette taverne bleu et blanc à l'ancienne. Moussakas, agneau au four (« Mama's specials »), légumes farcis... Evanguelia cuisine de grands plats le matin qui s'écoulent dans la journée (moins de choix le soir). Poissons et calamars grillés.

*Kamari, juste derrière le parking payant quand on arrive au cœur du village • ✆ 228 60 34 111 • En saison : t.l.j. 11h-23h • De 14 à 20 €.*

## Traditional Kafeneio

### Café-bistrot musical 16

Voici une adresse pleine charme avec son atmosphère rétro et éclectique (les verres sont en terre et les assiettes dépareillées) et son piano sur la terrasse. À l'intérieur, il règne un joli capharnaüm entre l'épicerie vintage et la boutique d'antiquaire. Accueil souriant et enjoué de Magda, la propriétaire, qui a quitté Athènes pour ouvrir ce café. Carte réduite mais gourmande de mets grecs fraîchement préparés avec des produits locaux (viandes et fromages de Naxos...). Une excellente adresse, notamment pour prendre un brunch ou dîner en écoutant de la musique *live* (quasiment tous les soirs).

Penelope's à Pyrgos

*Mégalochori, en haut de la rue principale • ☏ 228 60 82 665 • Mars-nov. : t.l.j. 9h-14h et 18h-minuit • De 15 à 20 €.*

## Geromanolis

### Taverne 17

Une authentique taverne populaire comme on n'en trouve plus à Santorin. Prix en conséquence (moussaka à 6 € seulement !) et ambiance chaleureuse.

*Mégalochori, à 200 m de l'entrée S du village • ☏ 228 60 82 892 • Ouv. toute l'année; seulement le soir en hiver • De 8 à 15 €.*

## The Old Barber's Shop

### Café *mezzépoleio* 18

Au cœur de ce village hors des sentiers battus, l'échoppe du barbier s'est transformée en sympathique café. Sur la placette ou le toit-terrasse, on grignote avec plaisir une moussaka ou quelques mezzés.

*Emborio, entre la grande église et le Kastelli (centre fortifié vénitien) • ☏ 228 60 83 337 • En saison : t.l.j. 10h-22h • Café 2,50 € ; repas env. 15 €.*

# Bars, clubs Sorties

## Franco's Café

### Bar 5

Un bar raffiné, quasiment au sommet de la citadelle vénitienne. Carte légère de salades et de tartes. On apprécie la vue sur fond de musique classique.
À ne pas confondre avec le café portant le même nom à Fira.

*Pyrgos • ☏ 228 60 33 957 • En saison : t.l.j.*

## Albatross

### Beach bar et karaoké 6

Parmi l'enfilade de bars et de tavernes de la plage de Kamari, ce beach bar se distingue par son atmosphère intimiste et décontractée. Transats confortables sur la plage, terrasse ombragée par un grand tamaris et dance floor à l'intérieur pour les soirées musicales ou les karaokés. Cocktails à prix doux. Club-sandwich, grillades et bonne cuisine grecque.

*Au milieu de la plage de Kamari • ☏ 69 721 69 390 • Mai-oct. : t.l.j. 9h-4h • Cocktails à partir de 6 €.*

## Elia

### Beach bar zen 7

Ambiance raffinée pour ce beach bar-restaurant d'un hôtel élégant et épuré. Côté cour, on s'attable face à la piscine façon bain japonais et à ses palmiers élancés. Côté mer, on s'allonge sur de confortables lits de plage pour siroter un cocktail. Brunch et snacks, petit déjeuner healthy, cuisine méditerranéenne sophistiquée.

*Plage de Kamari • belloniasvillas.com • T.l.j. 8h-minuit (petit déjeuner servi 8h-12h) • Repas 25-40 €.*

## Tranquilo

**Beach bar / restaurant végétarien** 8

Au milieu de la plage de Perissa, voilà le beach bar le plus décontracté et engagé de Santorin. Le message : « *Live simple, eat slow, love strong, think global, act local...* » Estrade pour les musiciens, brasero sur la plage, meubles en palettes, ambiance sud-américaine où les couleurs chaudes dominent. Cuisine végétarienne et cocktails XXL. On y sert de gigantesques salades pour 3 ou 4 personnes, des sandwichs wraps et des mezzés grecs. Concerts réguliers de reggae, funk, world music, greek alternative.

*Plage de Perissa • ☎ 228 60 85 230 • tranquilo.gr • En saison : t.l.j. 10h-minuit • Salade 11 € ; cocktail 9,50 €.*

Terrasse au bord de Perissa

# Hôtels B&B

## Donna's House

**Maison d'hôtes** 5

Calme assuré dans cette vaste maison néoclassique restaurée et convertie en chambres d'hôtes. Petit déjeuner dans la grande cour intérieure fleurie. Accueil très attentionné.

*Pyrgos, vers le bas du vieux village (derrière la boulangerie) • ☎ 228 60 31 873 • www.donnashouse.gr • Wi-Fi gratuit • De 90 à 130 €.*

## Utopia

**Auberge de jeunesse** 6

Hippies ou non, les jeunes et moins jeunes rêvant d'un monde meilleur se réunissent dans cette guesthouse qui se trouve juste derrière le beach bar Tranquilo. Les deux adresses appartiennent d'ailleurs au même propriétaire : Alex, un grand voyageur engagé. Meubles recyclés, yoga le matin sur la plage, couleurs chaudes, café gratuit le matin au Tranquilo... La solution la plus économique et sympathique pour se loger à Santorin.

*Perissa • ☎ 228 60 81 065 • utopia-santorini.gr • À partir de 15 € en petit dortoir et 25 € en chambre individuelle.*

# Shopping Cadeaux

## Art Space

### Galerie d'art / cave 4

Cette galerie originale loge dans l'une des plus anciennes caves viticoles de l'île, creusée dans le tuf volcanique. Elle a été magnifiquement restaurée pour présenter la collection d'art contemporain du propriétaire et pour accueillir des expositions de bonne tenue (peintures et sculptures essentiellement). Une visite que l'on peut clore en goûtant aux excellents vins du domaine.

*Exo Gonia, sur la route de Kamari, à dr. juste après l'embranchement pour le village de Pyrgos • ☏ 228 60 32 774 et 69 328 99 509 • www.artspace-santorini.com • En saison : t.l.j. 11h-coucher du soleil.*

## Earth & Water

### Art 5

Atelier et boutique d'Andréas Makris, le grand céramiste de l'île. Originaire de Naxos, il est le descendant de cinq générations de potiers. Grande barbe blanche, petits yeux malicieux, cheveux vaporeux... Il travaille au fond de son atelier, réalisant de la céramique traditionnelle (service à eau-de-vie, pot en terre émaillé...) ainsi que de superbes répliques de jarres minoennes. N'hésitez pas à lui demander où et quand se produit sa femme Christie, excellente chanteuse de rébétiko.

*Mégalochori • ☏ 228 60 82 625 • Ouv. toute l'année t.l.j. 9h-coucher du soleil.*

## Transit

### Sandales et sacs en cuir 6

Stelios est un véritable artisan du cuir. Il est né dans cette maison, où son atelier se trouve juste au-dessus de sa boutique. D'un tempérament à la fois philosophe et joyeux, il fabrique aussi bien des modèles traditionnels de sandales, ceintures, sacoches et portefeuilles, qu'il crée des pochettes pour tablettes ou AirPods et des sacs polochons.

*Mégalochori, rue principale • ☏ 228 60 85 351 • www.transitmask.com • En saison : t.l.j. 12h-minuit.*

## Komboloï

### Souvenir grec 7

C'est une tradition ancienne en Grèce : beaucoup d'hommes occupent leurs mains en jouant avec un chapelet de perles – le fameux *komboloï* – sans rapport à la religion. Tout en égrenant les perles ou en balançant l'objet de manière sonore entre les doigts, ils font passer le temps, ponctuent une conversation, méditent, se détendent... Gabriella est passionnée par cet objet séculaire. Ambre, agathe, améthyste, lave, noyau d'olive... elle en crée de superbes en pierre ou en matières organiques.

*Mégalochori, rue principale • ☏ 228 60 33 842 • T.l.j. 10h-22h • À partir de 18 €.*

# Activités Détente

## Cinéma en plein air

Niché dans une végétation luxuriante et aménagé en forme d'amphithéâtre, ce petit cinéma offre une ambiance magique pour voir le dernier James Bond ! Accueil charmant et bar à cocktails. Venir à l'avance pour être sûr d'avoir une place.

*Kamari, à l'entrée du village • ☏ 228 60 33 452 • www.cinekamari.gr • Mai-oct. : projection t.l.j. à 21h (ouv. 20h30) • Place : 9 €.*

## Navette entre Perissa et Kamari

### Bateau

Un caïque en bois fait régulièrement la navette entre Kamari et Perissa, les deux stations balnéaires étant séparées par une montagne rocheuse. Cette traversée de 15 à 20 minutes est une véritable expérience. Le bateau vient s'échouer sur la plage pour prendre et déposer ses passagers (quasiment au pied de la falaise à Perissa, à une centaine de mètres à Kamari, en face du Hook Bar). Entre les deux, le caïque longe la falaise vertigineuse sous l'ancienne Thira, en voguant sur une mer au bleu abyssal. Quand on est à Perissa ou Kamari, c'est l'occasion de découvrir la plage qui se trouve juste derrière l'immense rocher sans faire un détour de 12 km en voiture.

*De mi-mai à mi-oct. : t.l.j. en principe toutes les 30 min 10h-17h • 5 €.*

## Vibrer au son d'instruments mythiques

### Atelier musical

Depuis la place centrale de Mégalochori, des panneaux guident vers une minuscule ruelle. En haut de quelques marches, on atteint une grande terrasse, un café suspendu et des caves voûtées. Bienvenue au Symposion, un lieu unique où un musicien passionné vous fera voyager à travers le temps et les mythes. Longs cheveux, barbe fine, sourire enjôleur : Yannis Pantazis a tous les traits d'un nouveau barde. Il propose des visites contées, des concerts, des ateliers de création de flûtes de pan... Chaque visite est une odyssée sur les traces des muses, d'Orphée, d'Apollon, mais aussi de Pythagore, de l'astronomie... Des sons purs et primitifs, harmonieux et enchanteurs, sortent d'une flûte taillée dans un os, d'une lyre antique, d'une cornemuse faite en peau de chèvre, d'instruments étranges entre l'arc et le cerf-volant... Envoûtant !

*Mégalochori • ☏ 228 60 85 374 • www.symposionsantorini.com • De 10 à 20 € l'activité.*

# LES VILLAGES LES PLUS PITTORESQUES

**Ruelles tortueuses, maisons enchevêtrées... À cause de la nature volcanique de l'île, l'architecture de Santorin est unique : les maisons sont souvent creusées dans le tuf tendre et, faute d'arbres, les toits sont construits en forme de voûte. À cela s'ajoute le caractère fortifié des villages les plus anciens. En dehors de Fira et d'Oia, on peut découvrir quelques perles moins connues.**

## Finikia

Le village ondule sur deux vallons qui descendent en pente douce vers la mer. Ses maisons troglodytiques aux façades colorées et son église couleur abricot dégagent un charme fou.

*Voir p. 44 • Oia et la pointe nord.*

## Emborio

C'est encore un secret bien gardé. À côté du village moderne se cache son vieux centre, où les habitations s'emboîtent comme des maisons de poupée, en deux cercles concentriques.

*Voir p. 54 • Le centre de l'île.*

## Pyrgos

Son nom signifie « tour ». De fait, le village y ressemble. Construit sur une colline, il s'élève vers le ciel. Cascades de maisons blanches, dômes bleus et ruelles enchevêtrés se conjuguent à une vue panoramique.

*Voir p. 50 • Le centre de l'île.*

## Mégalochori

Au creux d'un vallon, ce village se cache au centre de l'île. Labyrinthe de ruelles pavées, églises au dôme bleu éclatant, maisons patriciennes anciennes en pierre volcanique.

*Voir p. 53 • Le centre de l'île.*

## Akrotiri

Plus petit et moins pittoresque que les villages précédents, il dégage un côté fort sympathique grâce à une poignée de bars et de restaurants. À découvrir : les ruines de son château vénitien et ses environs couverts de vignes.

*Voir p. 67 • Le sud de l'île.*

*Mégalochori*

# RANDONNÉE : L'ANCIENNE THIRA ENTRE MER ET CIEL

**Spectaculaire boucle où l'on grimpe jusqu'à l'ancienne Thira en passant par une adorable chapelle lovée dans la falaise. Après avoir visité la cité antique perchée en nid d'aigle, on redescend de l'autre côté sur la plage de Perissa. Le retour se fait dans un caïque qui contourne l'impressionnant rocher dressé dans la mer pour revenir à la plage de Kamari.**

*Ruines de l'ancienne Thira*

### INFORMATIONS PRATIQUES

- Arrivée et départ : parking gratuit de Kamari.
- 4,2 km, 2h + 1h30 de visite du site archéologique.
- Peu difficile mais ça grimpe beaucoup.
- Environ 300 m de dénivelé.
- Prévoir un chapeau, de l'eau et de la crème solaire.

## Zoodochos Pigi

Au tout début de la route qui mène à l'ancienne Thira, le sentier se prend à gauche de l'hôtel Antinea. Pavé, il grimpe en lacet sous une falaise vertigineuse (site d'escalade). En 15 minutes, on rejoint la chapelle Zodoochos Pigi, qui garde la source coulant été comme hiver au fond de la grotte (26 m de profondeur). La terrasse offre une vue panoramique sur la plage de Kamari.

## L'ancienne Thira

Plus haut, l'escalier se transforme en sentier qui croise la route puis la surplombe. En 20 minutes, vous rejoignez l'entrée de l'ancienne Thira (p. 52). Attention au vent quand on arrive au col, entre deux montagnes escarpées : le Profitis Ilias et le Mesa Vouno ! Vue vertigineuse sur les deux plaines côtières.

## Descente sur Perissa

Bien balisé, le sentier (1,3 km) descend tranquillement à travers l'ancienne nécropole avant de devenir plus raide sur la fin. Faites un crochet (250 m aller, bien indiqué) pour voir la Panagia Katefiani, chapelle blanche sous la paroi ocre.

## Retour en caïque

Après avoir profité de la mer et de ses beach bars, le retour à Kamari se fait en caïque : il vient s'échouer sur la plage au pied de la falaise (voir p. 60).

Retour en caïque

# LES VINS DE SANTORIN

**Grâce à sa qualité, le vin sauve Santorin – sinon toute l'île serait construite et vouée au tourisme. Chaque lopin de terre arable est ainsi couvert de vignes. La vision est saisissante quand on s'élève en allant à Pyrgos ou au Profitis Ilias : il y a des champs à perte de vue partout.**

## Une technique différente

Les vignobles traditionnels n'ont pas la même structure qu'en France. Les vignes sont isolées les unes des autres afin de pouvoir puiser un peu d'eau dans un sol volcanique qui en est souvent dépourvu. Au ras du sol, les ceps sont tressés en panier : les grappes placées à l'intérieur sont ainsi protégées du vent.

## Les cépages

Le principal cépage de l'île est l'assyrtiko, qui donne un vin blanc minéral très agréable pour accompagner le poisson ou même la viande. Les autres cépages locaux sont l'aidani, le mandilaria et, en rouge, le mavrotragano. L'île est célèbre aussi pour son vinsanto, un vin muscat liquoreux délicieux, produit avec des grappes qu'on a laissées mûrir 15 jours au soleil après les avoir cueillies.

## Les domaines à visiter

L'île compte presque une vingtaine de producteurs. De nombreux domaines se visitent.

### Vassaltis

Coup de cœur pour le dernier vignoble créé sur l'île, qui est déjà une référence parmi les meilleurs vins de Grèce ! Ultra-contemporain, le chai allie style industriel et architecture traditionnelle. Quelques tables en bois sont dédiées à la dégustation, absolument sublime avec la vue sur les vignes et la mer. Chaque vin est accompagné d'un amuse-bouche sophistiqué à se damner : ceviche de daurade saupoudré de pollen, tartare de thon, caviar d'aubergine au poulpe fumé, carpaccio de veau… (de 20 à 40 € selon la formule).

*Vourvoulos (3 km au N de Fira) • ☎ 228 60 22 211 • www.vassaltis.com • Mai-oct. : t.l.j. 11h-20h.*

### Sigalas

Cette jolie maison plantée au milieu des vignes offre un cadre agréable pour une dégustation sous les treilles. Les vins Sigalas sont une valeur sûre. Carte de produits du terroir pour accompagner la dégustation. En 2020, le vignoble a été racheté par Kir Yanni, un prestigieux domaine de la Grèce du Nord (Macédoine).

*1 km avant Oia, sous le village de Finikia • ☎ 228 60 71 644 • www.sigalas-wine.gr • Mai-oct. : t.l.j. 11h-20h (21h en août), cuisine ouverte 12h-18h30 (19h30 en août) • Dégustation de vin 16-32 €.*

## Hatzidakis

Bio dès sa création en 1997, ce domaine fait partie des plus réputés de l'île, tout en restant brut et vrai. Les 10 hectares s'étirent sur les flancs du Profitis Ilias, entre Pyrgos et Emborio, à 330 m d'altitude, tandis que le chai et la cave occupent des grottes sous le vignoble. Depuis la disparition de Haridimos Hatzidakis en 2017, le domaine est géré seulement par des femmes (sa fille, sa femme, une œnologue…).

*Sur la route du monastère Profitis Ilias • ☎ 228 60 32 552 et 228 60 32 466 • www.hatzidakiswines.gr • Visite sur r.-v. : elle inclut la dégustation de 6 vins, accompagnée de pain et de fromage (16 €).*

## Gavalas

Au cœur de Mégalochori, creusée dans le tuf volcanique, cette cave viticole serait la plus ancienne de Santorin. Cinq générations s'y sont succédé. Cela vaut la peine d'y jeter un coup d'œil ; en revanche, la dégustation est souvent trop rapide pour pouvoir l'apprécier.

*• ☎ 228 60 82 552 • www.gavalaswines.gr • Avr.-oct. : t.l.j. 11h-19h ; mars et nov. : 11h-16h • Dégustation 15-30 €.*

## Gaïa

Située en bord de mer, la cave occupe une ancienne usine de conserves de tomates. Production du Thalassitis, un blanc réputé.

*Entre Kamari et l'aéroport • ☎ 228 60 34 186 • www.gaiawines.gr • Mai-oct. : t.l.j. 11h-19h • Dégustation 8-15 €.*

Voir aussi Art Space p. 59, une galerie d'art logée dans une superbe cave troglodytique : le propriétaire parle avec passion du vin qu'il produit sur place.

*Vignoble de Santorin*

# LE SUD DE L'ÎLE 4

**Bien sûr, il y a la fameuse Red Beach et le site archéologique d'Akrotiri, la Pompéi grecque. Mais parce que la pointe sud-ouest de l'île a tardé à se développer, elle est la plus préservée. Nombreuses sont les familles cultivant encore la terre ou pêchant de manière traditionnelle, comme si la fièvre du tourisme qui s'est emparée de Santorin ne les avait pas touchées. À la marina de Vlychada, au musée industriel de la Tomate, au village d'Akrotiri ou au phare, les locaux aiment leur terroir et entendent le partager avec ceux qui viennent le visiter.**

*Red Beach*

## ① Vlychada✦✦

Βλυχάδα

À l'entrée du village, l'ancienne usine de conserves de tomates Nomikos a été transformée en **musée industriel de la Tomate** (☎ 228 60 85 141 ; www.tomatomuseum.gr ; mar.-dim. 10h-16h ; entrée : 10 €). Cet espace industriel qui fonctionnait de 1945 à 1980 a été superbement restauré. Il propose expositions, performances et concerts l'été.

Juste après, la **plage** est de toute beauté : l'immense langue de sable noir et de galets s'étire sous un raz-de-marée rocheux couleur café au lait. Sculpté par la mer, le tuf volcanique prend la forme d'une succession de vagues qui semblent prêtes à déferler sur le sable. Plus on avance, plus le cadre devient sauvage, avec ses rochers de plus en plus hauts et effilés. De l'autre côté de la plage, le **port** artificiel de Vlychada accueille pêcheurs et plaisanciers.

*À 10 km au S de Fira • Après Mégalochori, prendre la dir. de Perissa et tourner à dr. 400 m après l'embranchement, un peu avant Emborio • Nudisme toléré.*

## 2 Akrotiri✦✦

Ακρωτήρι

Ce n'est pas le village le plus spectaculaire ni le mieux restauré de l'île. Pourtant qu'il est agréable d'y séjourner ! Dominé par les ruines de sa forteresse vénitienne (le Kastelli), ce bourg de 400 habitants déroule quelques ruelles et chapelles pittoresques, une poignée de tavernes et de bistrots sympathiques, avant de rapidement rencontrer les vignes. Sa campagne préservée se prête merveilleusement à la balade, avec l'ancienne Akrotiri et sa plage à 1 km, la fameuse Red Beach (1,8 km) et les plages du sud si l'on aime vraiment marcher. Quant à **Caldeira Beach** (ou Apothikes), la seule vraie plage au creux du volcan, elle ne se situe qu'à 800 m du village (piste à l'entrée). Peu connue, on y trouve une taverne, un club de plongée et, sur la droite, une jolie bande de sable noir pour bronzer et plonger.

*À 9 km au S-O de Fira.*

## 3 Ancienne Akrotiri✦✦

Ακρωτήρι

En 1866, le village d'Akrotiri connaissait une intense activité d'extraction de terre volcanique, utilisée pour étanchéifier les parois du canal de Suez. En creusant, les ouvriers eurent la surprise de déblayer des ruines de murs antiques. L'École française d'Athènes fit alors quelques recherches sur le site, vite abandonnées. Il faut dire qu'à cette époque on ne savait pas encore qu'un cataclysme

## *Pause food truck :* Charoula Canteen

À la pointe sud-ouest de l'île, là où s'arrête la route juste avant le phare, cette sympathique gargote propose de délicieux souvlakis et sandwichs grecs, des cafés, des smoothies et des cocktails… servis avec un grand sourire. Charoula est l'une des quatre enfants de la famille tenant la taverne de pêcheur qui se trouve juste avant, O Giorgaros (p. 71). Le must : grignoter et/ou siroter sa commande au phare au moment du coucher du soleil. Le must du must : s'installer à l'unique table bleue en balcon sur le volcan. Instant Insta garanti. Un conseil : garez-vous à 100 m, au parking qui se trouve juste après la taverne O Giorgaros, sinon vous risquez de faire une manœuvre délicate devant la cantine.

19 *Près du phare d'Akrotiri • ☎ 69 430 98 140 • Facebook : Charoula canteen • Fin mars-début nov. : 9h30-coucher du soleil.*

volcanique avait eu lieu sur l'île et rien ne laissait supposer que la zone pourrait receler davantage que quelques vestiges modestes…

La véritable campagne de fouilles démarra en 1967 sous la direction du célèbre archéologue grec Spyridon Marinatos. Il fut le premier à deviner la terrible éruption qui eu lieu vers 1600 av. J.-C. pouvait avoir enseveli l'ancienne capitale de l'île. En quelques mois, des maisons aux belles fresques quasi intactes furent mises au jour, prouvant qu'une civilisation aussi brillante que dans la Crète minoenne s'épanouissait à Santorin lorsque l'explosion du volcan la figea sous les cendres. Aujourd'hui, seuls 3 % de l'ancienne cité auraient été fouillés…

Bien conservés et mis en valeur, les bâtiments dégagés donnent une idée de la mesure de la ville. Sous un toit bioclimatique, on circule dans les ruelles, ou au-dessus grâce à des passerelles qui permettent de mieux comprendre la cité. Maisons à deux ou trois étages, magasins avec des

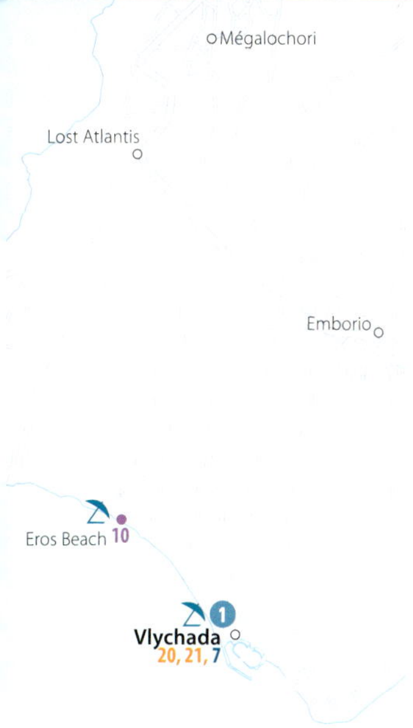


centaines de jarres *(pythoi)* qui contenaient des denrées alimentaires, système de tout-à-l'égout sous les rues dallées...

Une vidéo très instructive restitue en 3D l'intérieur d'une villa avec ses fresques, ses étages et les outils qui s'y trouvaient. Les superbes fresques murales et le mobilier sont exposés au Musée préhistorique de Fira (p. 27) ainsi qu'au Musée archéologique d'Athènes.

***À 14 km au S de Fira • Le site archéologique est à 1 km après le village d'Akrotiri • Bus régulier • ☎ 228 60 81 939 • T.l.j. : été 8h-20h ; hiver 8h-15h • Entrée: 12 €.***

## 4 Red Beach⁺⁺⁺

### Κόκκινη παραλία

Juste après le site archéologique d'Akrotiri s'étire une plage de gros galets noirs bordée par quelques bonnes tavernes, logées dans d'anciens garages à bateau. La route et la plage s'arrêtent à l'entrée du sentier pour Red Beach. Avec ses falaises rouges spectaculaires, son sable noir et son eau claire, c'est la plus célèbre plage de Santorin. Par sécurité, l'accès en est déconseillé à cause de possibles éboulements.

Pour apercevoir la plage, deux minutes de marche suffisent depuis le parking (magnifique point de vue). Puis le sentier se faufile dans un chaos de blocs de lave abrasifs avant de rejoindre le sable noir couvert de pierres ponces. Certains s'y aventurent en prenant soin de s'éloigner des falaises. Autre option : découvrir Red Beach en bateau, au départ soit de la plage d'Akrotiri (navette pour toutes les plages du Sud, voir p. 70), soit de Vlychada. Vers 10h puis 15h, des dizaines de catamarans y font leur première escale avant de rejoindre la caldeira (p. 37).

***À 800 m de l'ancienne Akrotiri.***

## 5 Les plages du Sud⁺⁺

Au-delà de Red Beach s'égrènent trois belles plages de sable noir et de pierres ponces blanches peu fréquentées car difficiles d'accès. Encerclée de falaises, **White Beach** ne se rejoint que par la mer. Les deux autres

Phare d'Akrotiri

## 6 Phare d'Akrotiri✦✦

À la pointe sud-ouest de l'île, la route se termine en cul-de-sac quelques mètres avant le phare d'Akrotiri. Construit en 1892, celui-ci se dresse au bout du monde, au-dessus de falaises escarpées qui plongent dans la mer. Le bâtiment ne se visite pas, mais les alentours permettent d'embrasser du regard toute la caldeira et les îlots brûlés. Le spot est de plus en plus prisé au coucher du soleil. S'il y a trop de monde sous le phare, montez sur la colline au-dessus.

possèdent une piste qui se prend sur la route entre Akrotiri et le phare (panneau). Encore sauvage, **Kambia** est la plus tranquille (la petite taverne est en revanche peu recommandable). Connue aussi sous le nom de Black Beach, **Mesa Pigadia** attire de plus en plus de monde avec sa délicieuse taverne familiale, son beach bar et quelques chambres à louer qui occupent d'anciens garages à bateau taillés dans la falaise. Les gros galets rendent l'accès à l'eau parfois difficile. Mais on trouve du sable pour poser sa serviette.

• *Accès Kambia : mauvaise piste de 2 km qui se prend après l'hôtel Caldeira Romantica.*

• *Accès Mesa Pigadia : 1 km de piste (panneau 120 m avant Faros Market).*

• *Au départ de la plage d'Akrotiri, sur le ponton face à la taverne Nikolas, 7 caïques font la navette et desservent les plages du Sud de 10h30 à 18h30 (19h30 en août) • 10 € l'A/R.*

## Des légumes exceptionnels

**Du vent, des journées brûlantes et des nuits humides permettent à Santorin de produire des légumes d'une exceptionnelle qualité. Minuscules et à la peau dure, les tomates sont particulièrement savoureuses (classées au niveau européen en 2013): goûtez aux beignets, les *tomatokeftedes*, grande spécialité de l'île. Autre légume bénéficiant d'une AOC, la *fava* (pois cassé jaune), dont on fait une succulente purée. Quant aux aubergines, blanches, douces et juteuses, elles sont délicieuses en caviar *(melizanosalata)*. Enfin, les câpres et leurs feuilles relèvent souvent les salades.**

# Restos Bistrots

## Fisherman's House

**Taverne traditionnelle** 20

Ouverte toute l'année, cette authentique taverne est le rendez-vous des pêcheurs. Poissons frais, petite friture, tzatziki, frites maison, poulpe grillé… on apprécie de manger simplement des plats grecs en compagnie des locaux. Sans doute le meilleur rapport qualité/prix de l'île.

*Sur les quais de la marina de Vlychada • ☎ 228 60 82 774 • T.l.j. 12h-22h.*

## To Psaraki

**Taverne / terrasse** 21

Son site Internet met déjà l'eau à la bouche. Le chef Thanassis Sfougaris a travaillé dans les meilleurs restaurants de Grèce avant d'ouvrir cette taverne avec sa femme. La cuisine de l'île y trouve ses lettres de noblesse, préparée évidemment avec les produits locaux. À goûter, le carpaccio de bonite aux câpres et les aubergines blanches au four. La terrasse surplombe le petit port de pêche et la marina de Vlychada.

*Vlychada • ☎ 228 60 81 141 • www.santorinitheofanis.gr • En saison : t.l.j. 13h-23h • De 20 à 30 €.*

## O Giorgaros

**Taverne de poisson** 22

C'est la dernière taverne avant le phare. Perchée au-dessus de la caldeira, elle est tenue par une adorable famille de pêcheurs : le père pêche, la mère cuisine, les enfants servent (ou ont leur propre activité, comme la cantine de Charoula à côté du phare, p. 67, ou l'excursion de pêche en mer d'Anthi, p. 76). Bien conseillé, on choisit son poisson frais dans le grand frigo. À goûter sur commande, la *psarosoupa*, la soupe de poisson, préparée à partir de rascasse et autres poissons de

Terrasse à Akrotiri

roche. La taverne est décorée de souvenirs de la famille, comme la première barque du grand-père, un fameux pêcheur.

*Faros • ☏ 228 60 83 035 • En saison : t.l.j. 12h-23h.*

## Theofanis

### Taverne / cuisine créative 23

Une taverne dans les tons bleus gris et blancs, qui propose une cuisine grecque créative et soignée, comme la *fava* servie avec du poulpe caramélisé ou la salade « Theofanis » égayée de morceaux de mangue, de pomme et de figue. Accueil chaleureux.

*Akrotiri, à l'entrée du village • ☏ 228 60 81 141 • www.santorinitheofanis.gr • En saison : t.l.j. 12h-23h • De 15 à 25 €.*

## Remezzo

### Taverne au bord de l'eau 24

Attention, la route qui descend au creux du volcan est particulièrement raide… mais quelle récompense ! Cette taverne traditionnelle est tenue par un sympathique couple de locaux. En balcon sur la mer, elle jouit d'une vue en contre-plongée sur la caldeira, avec une poignée de barques de pêcheurs au premier plan. Cerise sur le gâteau : la belle plage de sable cachée sous la falaise à deux pas…

*Plage d'Akrotiri, côté caldeira, à 15 min à pied du village • ☏ 228 60 82 706 • Mai-oct. : t.l.j. 14h-17h et 18h30-23h • De 13 à 20 €.*

## Mesa Pigadia

### Taverne de plage 25

En balcon sur la plage, cette sympathique taverne familiale propose une cuisine à la fois traditionnelle et créative, préparée avec amour par Valentina, la mère. Crevettes au citron, salade de calamar grillé, carottes aux pommes, noix et cranberries… Les plats sont superbement présentés et sortent souvent de l'ordinaire. Valentina cuisine pour qu'on se souvienne d'elle et de sa taverne aménagée dans le garage à bateau de son grand-père il y a plus de 40 ans. L'accueil est sincère et chaleureux. Une adresse rare sur une plage hors des sentiers battus.

*Plage de Mesa Pigadia • ☏ 69 792 32 795 • Instagram : Mesapigadia • En saison : t.l.j. sf le 15 août 12h30-22h.*

# Bars, clubs Sorties

## Theros Wave Bar

### Beach bar 10

Loin de tout, ce beach bar élégant et isolé est installé dans les falaises sculptées par les éléments de l'immense plage de Vlychada. Que l'on choisisse de s'accouder au comptoir ou de se prélasser dans les lits de plage (payants, chers en première ligne face à la mer), le personnel est aux petits soins.

Taverne près d'Akrotiri

Ce bar propose aussi une cuisine méditerranéenne raffinée et un brunch le matin. La piste en terre est mauvaise pour rejoindre le lieu mais ça vaut le coup si l'on aspire au « calme, luxe bohème et volupté ». Alternative : rejoindre à pied le beach bar par la plage de Vlychada (20-30 min de marche sur le sable noir).

*Plage d'Eros à Vlychada • ☏ 228 61 12 015 • theroswavebar.gr • En saison : t.l.j. 10h-21h • Cocktails à partir de 13 €.*

## Akrothiri

### Bistrot / café / bar à cocktails 9

Au pied de la forteresse vénitienne d'Akrotiri, cette petite adresse est idéale pour prendre un brunch, déguster une gaufre ou des pancakes, mais aussi manger quelques plats méditerranéens avec un verre de vin. Carte de cocktails maison alléchante… Accueil fort sympathique des jeunes patrons.

*Akrotiri • ☏ 228 60 81 457 • En saison : t.l.j. 8h-1h • Café 2 €, cocktail 10 €.*

# Hôtels B&B

## Notos Therme & Spa

### Hôtel avec piscine 7

Ce grand bâtiment à la décoration nautique et un brin british est bâti dans la roche volcanique au-dessus du petit port de Vlychada (certaines chambres nécessitent d'emprunter beaucoup d'escaliers, renseignez-vous). Jolie piscine, spa et restaurant. Toutes les chambres ont vue sur mer.

*Vlychada • ✆ 228 60 81 115 • www.notosthermespa.com • Wi-Fi gratuit • Mai-oct. • Plus de 200 €.*

## Adamastos

### Hôtel de charme 8

Au milieu des vignes, de petits bungalows entourent une cour fleurie et une piscine. Les 30 chambres récemment rénovées sont assez spacieuses et disposent d'un petit balcon. Ambiance familiale.

*À la lisière du village d'Akrotiri • ✆ 228 60 81 188 • www.adamastoshotel.com • Env. 100 €.*

encadré partenaire

## Carlo's Pension

### Hôtel familial

Une adresse rare à Santorin. Cette pension à l'ancienne compte 15 chambres simples et modernes, ainsi qu'une petite taverne. À sa tête, Eva, descendante d'une grande famille paysanne de l'île. On appréciera son authenticité, sa franchise, son grand cœur et sa cuisine généreuse. Elle cultive encore tomates cerises et *fava*, et propose un délicieux petit déjeuner avec confitures maison.

**9** ***Akrotiri • ✆ 228 60 81 370 • www.carlospension.com • De 50 à 80 €.***

## Aura Marina Apartments

### Appartements 10

Ce petit complexe cycladique aux maisons aux toits voûtés se trouve à l'écart de la fréquentation touristique. Appartements pour 2 à 7 personnes, agréables, spacieux et bien équipés. Chambres en mezzanine. Idéal pour un séjour de plusieurs jours. Le plus: chaque appartement possède sa petite piscine privée. Accueil charmant et efficace de Niki, la gérante.

*Akrotiri • ☎ 228 60 83 101 • www.aura-marina.com • Pas de petit déj. • Wi-Fi gratuit • Air cond. payant (5 €/jour) • De 90 à 200 €.*

## Akrotiri Hôtel

### Hôtel de charme 11

Juste derrière le site archéologique d'Akrotiri, ce joli ensemble de maisons blanches s'étage discrètement au-dessus de la mer (plage en contrebas). Chambres récemment rénovées, chacune jouissant de sa terrasse privée. Pavée de galets et ombragée par les tamaris, la terrasse du bas est bien agréable pour prendre un café, grignoter une gaufre ou bouquiner sur un lit de plage.

*Près de l'ancienne Akrotiri • www.hotelakrotiri.gr • De 80 à 140 € avec petit déjeuner.*

# Shopping Cadeaux

## Faros Market

### Épicerie 8

À la pointe sud de l'île, 1,5 km avant le phare, cette sympathique boutique de produits du terroir est une halte bienvenue pour se désaltérer et se ravitailler: câpres, fromages de chèvre, *fava*, herbes sauvages, miel de thym, confitures et fruits dans leur sirop (tomates cerises, pastèques miniatures), vins… Pour vous aider à choisir, Maria, qui est francophone, prendra plaisir à tout vous faire goûter. Une agréable terrasse a été aménagée pour grignoter quelques mezzés (boulettes de tomates, salades…).

*Faros • ☎ 228 60 81 150 • www.farosproducts.gr • Mai-oct. : mar.-dim. 10h-coucher du soleil.*

# Activités Détente

## Santorini by Foot

### Activités diverses

Parmi les différentes agences de l'île, on recommande Santorini by Foot, tenue par un couple gréco-colombien adorable. Arsenios et Juliana proposent une expérience inédite et sur mesure à Santorin, en découvrant à pied le visage le plus authentique de l'île : sentiers secrets, rencontres de locaux, dégustation de produits du terroir…

*Akrotiri • 69 839 07 703*
*• https://santorinibyfoot.gr*

## Experience Horse Riding Akrotiri

### Balade à cheval

Depuis sa plus tendre enfance, Nektarios est passionné par les chevaux. Au milieu des vignes, à 300 m du village d'Akrotiri, il élève une quarantaine de chevaux, quasiment en semi-liberté (pas d'étables mais de grands enclos). Les animaux reçoivent beaucoup d'amour et vivent en horde à l'extérieur. Parcourant les espaces les plus sauvages de Santorin, les balades proposées durent 1h (60 €) jusqu'à la mer ou 2h (90 €) jusqu'à Eros Beach. Balade privée (de 100 à 150 €). Une activité idéale en famille.

*Akrotiri • 69 755 41 447*
*• experiencehorseriding.com*
*• Ouv. toute l'année.*

## Giorgaros Fishing Tours

### Pêche en mer

Voici une expérience de pêche unique à Santorin. Sur son caïque traditionnel de pêche, Anthi, fille et petite-fille de pêcheurs célèbres sur l'île (propriétaires de la taverne O Giorgaros), vous emmène pêcher en pleine mer. On expérimente avec elle différentes

*Kayaks sur Black Beach*

techniques (ligne, filet, piège à crevettes…), on découvre la côte sud de l'île, on se baigne dans des spots de rêve (snorkeling) et on se régale à bord du fruit de notre pêche. Impossible de s'ennuyer avec cette sympathique trentenaire qui a fait des études littéraires ! Les enfants adorent.

*Port de Vlychada • ☏ 69 367 16 348 • www.santorini-fishing-tours.com • Départs le matin (9h-10h) et l'après-midi (15h) en saison • 130 €.*

## Santorini Sea Kayak

### Kayak de mer

Haris et Eleonora proposent de découvrir Santorin au rythme de la pagaie. Plusieurs formules : traversée de toute la caldeira avec escale à Thirassia, pique-nique et dîner (journée complète 175 €) ; toute la côte sud (demi-journée 80 €)… Excellent matériel.

*Akrotiri, entre le site archéologique et Red Beach • ☏ 69 518 01 051 • www.santoriniseakayak.gr*

## Serenity

### Kayak de mer

Kalliopi est une jeune femme passionnée. Ancienne championne de kayak, elle emmène de petits groupes jusqu'à 6 personnes longer les falaises, pique-niquer sur une plage, observer le coucher du soleil depuis la mer. Deux départs, l'un le matin, l'autre l'après-midi. Délicieux pique-nique à base de produits locaux et bio. Une expérience de grande qualité.

Balade à cheval

*Plage de Kambia, Kalliopi • ☏ 69 873 98 306 • serenitykayak.com • 105 € le matin, 125 € l'après-midi, transfert depuis l'hôtel inclus.*

## Faros Market

### Cours de cuisine

Derrière la boutique de produits du terroir de Faros Market (p. 75) se trouve la maison de Maria, la propriétaire. Désirant plus que tout transmettre les traditions locales, elle organise des cours de cuisine chez elle, où elle raconte l'histoire de chaque produit. *Fava*, boulettes de tomates, caviar d'aubergine… Des spécialités à déguster sur sa véranda avec vue sur les vignes et la caldeira.

*De 2 à 8 personnes • www.farosproducts.gr • Résa par email : farosmarket@gmail.com • 65 €.*

# THIRASSIA

5

**Qui sait que Santorin compte deux îles habitées ? Tout le monde se presse à Thira, l'île principale (appelée aussi Santorin), saturée par le tourisme. Rares sont ceux en revanche qui font un saut de puce sur Thirassia, la petite sœur, aussi spectaculaire que sa voisine. L'îlot serait né il y a plus de 3600 ans, lorsqu'un pan du cratère s'est effondré dans la mer, coupant Santorin en deux. Aujourd'hui, les 250 habitants de Thirassia vivent hors du temps.**

*Manolas*

## ❶ Riva✦

Ρίβα

Un ponton, quelques maisons désuètes, une petite plage avec quelques transats et quelques parasols qui semblent abandonnés, une taverne traditionnelle et un hôtel récent… Le principal port de l'île distille une atmosphère un peu de bric et de broc. En fait, on n'y fait que passer, ou alors on y attend le bateau en grignotant quelques mezzés. L'église qui se trouve juste au-dessus de la taverne aurait donné son nom à Santorin : Agia Irini – Santa Irini en vénitien – est célébrée le 5 mai.

## ❷ Manolas✦✦

Μανωλάς

Même village qui s'étire sur le fil du cratère, mêmes maisons troglodytiques creusées dans le tuf volcanique, même vue grandiose sur la caldeira: Manolas, la capitale de Thirassia, c'est

Fira ou Oia en miniature, 40 ans en arrière. Quelques coupoles bleues, une petite école, une boulangerie, une épicerie d'un autre âge et une sympathique taverne (ci-dessous): on déambule avec plaisir dans ses minuscules ruelles. Plus pimpant aujourd'hui, le village est en train de changer de visage avec l'ouverture en cours ou en projet de plusieurs hôtels ou maisons à louer.

*Compter 40 min à pied de Riva à Manolas.*

## 3 Balade jusqu'au monastère Panagia Kimissi✦✦

Direction plein sud: la petite route parallèle à la caldeira se transforme rapidement en piste. Elle traverse la campagne tranquille, sculptée par les terrasses de culture: quelques vignes, une poignée de chèvres, un couple d'ânes, des lièvres bondissants. Tout au bout, le ravissant monastère dédié à la Vierge (Panagia Kimissi) se dresse comme une sentinelle à la pointe sud de l'île, au-dessus de la caldeira. De l'autre côté, Santorin semble nous embrasser de ses bras.

À l'aller (ou au retour), faites un crochet par le hameau abandonné

## Accès

**Un petit bateau appelé « Lantza » par les locaux fait la navette 3 fois par jour entre Thirassia et Ammoudi, le port d'Oia à Santorin : départs d'Ammoudi (8h, 12h40 et 17h20), Riva (7h45, 12h30 et 17h10) et Korfos (12h15 et 17h). Tarif : 1 €.**

**La « pantoufle », petit ferry ouvert qui prend des voitures, fait la navette une fois par jour (sauf le dimanche) entre Athinios et Riva (3 €).**

**Vérification des horaires auprès de la police portuaire de Fira : ☎ 228 60 22 239.**

**Sur place, toute l'île peut se visiter à pied tant elle est petite.**

## *Pause avec vue :* Taverne Panorama

Depuis 1982, ce restaurant tenu par le souriant Yannis régale de sa traditionnelle moussaka les courageux qui grimpent les 200 marches d'escaliers jusqu'au village de Manolas. Avec la relève de son fils Georgos, la taverne et sa cuisine deviennent un peu plus modernes et proposent, par exemple, des calamars cuisinés au basilic et à l'ouzo. La vue panoramique, quant à elle, n'a pas changé : on savoure son repas les yeux dans le bleu de la mer et les couleurs chaudes du volcan.

*26 Manolas • ☎ 228 60 29 186 • www.panoramaresto.com • En saison : t.l.j. 11h-coucher du soleil au moins • De 20 à 25 €.*

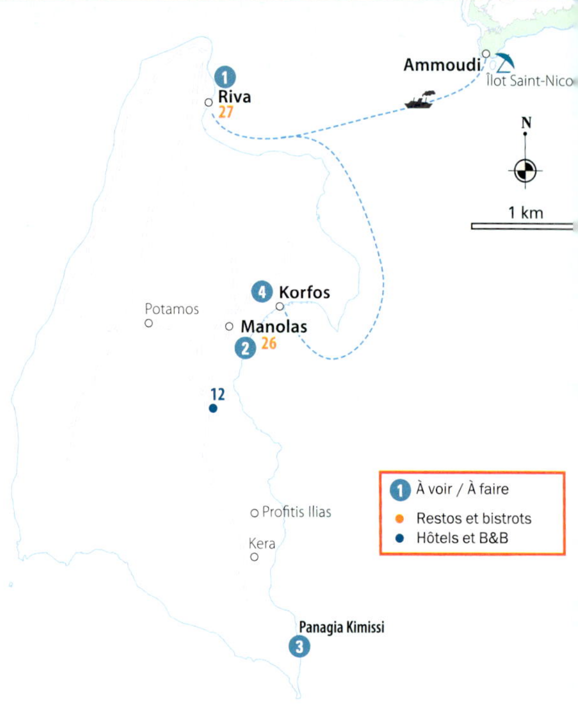


de Kera et l'église du Profitis Ilias, haut perchée au-dessus de la caldeira. La vue est splendide (balade: 5 km A/R jusqu'à Panagia Kimissi; env. 2h; facile).

## 4 Korfos✦

### Κόρφος

Sous Manolas, se trouve Korfos, le port touristique de l'île. Dégringolez les escaliers (env. 200 marches) pour le rejoindre. Au pied de la falaise, une ribambelle de tavernes (peu recommandables pour manger) accueille ceux qui font l'excursion en bateau dans la caldeira. Depuis la plage de gros galets ou du ponton, vous pouvez vous rafraîchir en attendant la *Lantza*, le bateau qui fait la navette entre Thirassia et Santorin. Il fera une escale à Riva avant de vous déposer à Ammoudi.

# Restos Bistrots

## Angistri

### Taverne traditionnelle 27

Cette authentique taverne, simple et populaire, vit au rythme des deux bateaux qui font la navette entre Santorin et Thirassia. Elle est fréquentée essentiellement par les locaux. Annezoula cuisine chaque jour quelques plats comme des aubergines imam, des courgettes farcies ou un riz aux épinards. Le poisson, les œufs (goûter aux omelettes aux asperges en hiver) et le fromage sont frais et locaux.

*Riva • ☏ 228 60 29 084 • Ouv. toute l'année midi et soir • De 15 à 17 €.*

Korfos

## Hôtels B&B

### Zaracho Rooms

**Studios** 12

Studios assez simples mais néanmoins propres et avec une très belle vue sur la caldeira. Lieu très calme et accueil adorable.

*Manolas • ☏ 228 60 29 102 • zacharostudios@yahoo.com • De 70 à 90 €.*

## Activités Détente

### Explore Thirasia

**Randonnée et vélo électrique**

Née à New York de parents originaires de l'île, Nicole a passé tous ses étés à Thirassia. Voilà plusieurs années qu'elle s'est installée ici pour renouer avec ses racines et vivre proche de la nature. Pleine d'entrain, elle partage son amour pour son île en nous emmenant marcher sur ses sentiers et découvrir ses villages abandonnés. Son compagnon, Yannis, qui vient de Crète, propose de son côté des tours en e-mountain bike dernier cri. On visite notamment le vieux village abandonné d'Agrilio, avec ses maisons troglodytiques en ruines et sa superbe église, la Panagia, toute blanche et rehaussée de mille couleurs. Leurs excursions se terminent dans la jolie cave à vins qu'ils ont restaurée dans le village de Manolas : on y déguste quelques produits locaux et crétois.

*☏ 228 60 29 122 • www.explorethirasia-santorini.gr • 110 € le tour guidé en e-mountain bike, 70 € à pied.*

*Thirassia et en arrière-plan Santorin*

# TOP POUR CONTEMPLER LE COUCHER DU SOLEIL

**À moins d'y aller hors saison, oubliez Oia qui est saturée de monde (embouteillages garantis de voitures et de piétons en été). L'île regorge d'autres sites d'où vous pourrez profiter du soleil couchant de manière tout aussi spectaculaire et plus intimiste.**

## Oia

Le meilleur spot est la forteresse vénitienne en ruines, tout au bout du village. En plus du soleil qui plonge dans la mer, vous verrez la lumière du couchant caresser les falaises rouges et les maisons multicolores qui dégringolent vers le cratère.

*Voir p. 42 • Oia et la pointe nord.*

## Le phare d'Akrotiri

À la pointe sud-ouest de l'île se dresse un phare imposant dans un environnement sauvage et déchiqueté par les éléments. La vue sur toute la caldeira est magique. Le spot commence à être connu.

*Voir p. 70 • Le sud de l'île.*

## Chapelle Panagia Theoskepasti

Juste derrière le rocher de Skaros, au centre de la caldeira, une adorable chapelle se suspend en solitaire au-dessus de la mer. Le cadre et la vue sont sublimes.

*Voir p. 40 • Fira et ses environs.*

## Pyrgos

Ce village au centre de l'île jouit d'une vue à 360°. Calme garanti au sommet, en sirotant un verre au bar Franco.

*Voir p. 50 • Le centre de l'île.*

## Au sommet de l'île

Le Profitis Ilias abrite une chapelle dont l'esplanade a été aménagée en point de vue panoramique sur toute l'île.

*Voir p. 51 • Le centre de l'île.*

## Bar To Navagio à Imerovigli

Le spot idéal pour profiter du coucher du soleil un remarquable cocktail à la main.

*Voir p. 33 • Fira et ses environs.*

Pyrgos

# ANAFI ET IOS

À une heure de la star des Cyclades flottent deux îles fascinantes par leur sable blond, leur mer turquoise et leur visage préservé. Ios a la réputation d'être une île festive, mais en fait seul un minuscule triangle est habité : son petit port, sa charmante capitale Chora et la sublime plage de Mylopotas. Leur animation bon enfant séduit tandis que le reste de l'île déroule des paysages sauvages et des plages de toute beauté. Quant à Anafi, la plus isolée des Cyclades, c'est un secret bien gardé. Elle se résume à un ravissant village, un rocher spectaculaire, des plages vierges et de magnifiques sentiers pour marcher. Le cadre idéal pour se ressourcer loin de la fureur du monde.

*Église à Chora, Anafi*

# ANAFI : À SAVOIR

## Aller à Anafi

### En bateau depuis Santorin

1 ou 2 bateaux /j. presque tous les jours en été (1h30 à 2h de traversée). Les ferrys peuvent avoir du retard et l'île est coupée du monde lorsque le vent souffle fort.

***www.gtp.gr, www.ferriesingreece.com et www.openseas.gr***

## Où loger ?

La majorité des hébergements se trouve à Chora, où se concentre toute l'activité de l'île. On trouvera aussi quelques chambres à la plage de Klissidi et sur la route de Roukounas.

## Se déplacer

### En bus

L'île compte seulement deux lignes : Chora-Klissidi-le port d'Agios Nikolaos (jusqu'à 5 bus/j., plus 1 bus pour le départ ou l'arrivée du ferry) ; Chora-Roukounas-Agii Anargiri -Monastère de Zoodochos Pigis (jusqu'à 3 bus/j.).

### À pied

L'île se prête bien à la randonnée. Les sentiers sont balisés et la moitié de l'île se traverse en 2h.

Quelques idées de balades sur www.cycladen.be/AnafiFra.htm

### En voiture ou à scooter

L'île ne compte que trois routes goudronnées, en très bon état.

**Location de voitures et scooters**

**Moto Manos :** ***Chora, sur le parking du village • ☎228 60 61 430 • www.rentacaranafi.gr***

## Utile

**L'excellent site de la municipalité :** www.anafi.gr (en anglais).

**Anafi Travel**

Vente de billets de bateau.

***Port d'Agios Nikolaos • ☎228 60 61 220 et 69 744 54 883 • Si c'est fermé, adressez-vous à la taverne Akrogiali juste à côté.***

## Argent

- **Anafi** : il n'y a que deux distributeurs d'argent, un sur le port d'Agios Nikolaos et un autre à Chora, à côté de la poste.
- **Ios** : on trouve des distributeurs au port et à Chora.

### Infos Covid-19

Compte tenu du contexte sanitaire, de nombreuses adresses sont amenées à restreindre leur ouverture et à s'adapter à la situation. Nous vous recommandons de vérifier leurs horaires sur leur site Internet ou leur page Facebook.

# IOS : À SAVOIR

## Aller à Ios

### En bateau depuis Santorin

2 à 4 bateaux/j. relient Santorin à Ios (1h de traversée) en saison.

*Voir infos pratiques Aller à Anafi.*

## Où loger ?

Le port est pratique pour rayonner. La plage de Mylopotas propose de nombreuses pensions et hôtels. À Chora, si séduisante, il faut faire attention à ne pas se trouver à proximité d'un bar ou d'un club. Pour plus de tranquillité, privilégiez l'intérieur des terres ou Manganari.

## Se déplacer

La population se concentre dans l'Ouest, autour de Gialos, Chora et Mylopotas. Routes longues et sinueuses pour rallier le reste de l'île.

### En bus

En été, bus toutes les 15 min entre Gialos, Chora et Mylopotas, et plusieurs bus/j. pour Manganari et le sud de l'île.

*☎ 228 60 92 015.*

### À pied

Gialos, Chora et Mylopotas étant limitrophes, il est facile de les relier à pied. Possibilité de belles randonnées, notamment de Chora au monastère de Kalamos et au mont Pyrgos, le sommet de l'île, ou de Mylopotas vers les plages sauvages du sud de l'île.

*Balades à télécharger sur le site Internet www.cycladen.be/IosFra.htm*

### À scooter

Pratique pour explorer le nord de l'île. En revanche, Manganari, dans le Sud, est vraiment loin.

### En voiture

Une voiture n'est pas indispensable, sauf pour certaines virées dans le Nord.

### En bateau

De mi-juin à mi-sept., bateau de Gialos pour Manganari avec un stop à la plage de Pikri Néro.

## Utile

**Le site de la municipalité :**
www.ios.gr

**Un guide de l'île :**
www.loveiosgreece.com

**Centre de santé :**
Gialos • ☎ 228 63 60 000.
Évitez la clinique privée de Chora, sauf si vous avez une bonne mutuelle pour l'international.

**Acteon Travel**
Billets de bateau, location de voitures, rens. sur les hôtels, excursions en bateau.

*☎ 228 60 91 343 • www.acteon.gr*

# ANAFI

6

**Située à la lisière sud-est des Cyclades, cette petite île apparaît comme un havre de paix, en contraste total avec Santorin, sa voisine extrêmement célèbre et très fréquentée. Montagneuse et escarpée, Anafi ne compte qu'un seul vrai village, Chora, perché à 300 m au-dessus de la mer. Les habitants de l'île se distinguent par leur gentillesse : ils dorlotent leurs visiteurs tant ils sont précieux pour l'économie locale. Le calme, l'authenticité, les paysages désertiques, les petites chapelles perdues dans la garrigue ainsi que les plages de la côte sud suscitent un vrai coup de cœur pour ce bout du monde.**

*Plage d'Agii Anargiri*

## 1 Port d'Agios Nikolaos✦

Αγιος Νικολάος

Lorsqu'un bateau arrive, l'animation bat son plein sur ce port minuscule. Même s'il a été récemment agrandi avec l'ajout d'une marina, il se résume à une poignée de maisons de pêcheurs coincées sous la falaise. On y trouvera une taverne, un café et une épicerie.

Le bus municipal et les minibus des loueurs de chambres attendent les voyageurs. Une fois débarqué, il ne reste plus qu'à grimper la route en lacet ou le sentier raide qui mène à Chora (30 min). À moins de se laisser tenter par la plage de sable qui s'étire sous la falaise…

***Porte d'entrée de l'île • Plusieurs bus/j. relient le port à Chora et se calent sur les arrivées et les départs de bateau, en plus des horaires réguliers.***

## 2 Chora+++

Χώρα

Le blanc est loin d'être parfait, comme si la terre jaune de l'île avait déteint sur les murs chaulés. L'atmosphère de ce village typiquement cycladique n'en est que plus authentique. Enroulées autour d'un rocher, chapelles et petites maisons forment un lacis de ruelles désordonnées, leurs toits en forme de voûte s'étageant haut dans le ciel. Le soir, les enfants jouent sur la place de l'école, à côté de la délicieuse boulangerie de l'île. C'est ici que se concentrent les tavernes, chambres d'hôtes et épiceries d'Anafi, ouvertes pour la plupart seulement en été.

Derrière la mairie, une petite **salle archéologique** (horaires très variables, se rens. au préalable ; ☎228 60 61 266 ; accès libre) regroupe les découvertes faites sur l'île, comme des bustes romains retrouvés sur le site de la cité antique d'Anaphe, à Kastelli (p. 100).

*À 3 km au N du port.*

## 3 Les plages du Sud+++

Les paysages secs et montagneux de la côte sud d'Anafi évoquent parfois l'Afrique subsaharienne : la terre jaune et aride est sillonnée d'oueds asséchés. Par endroits, une coulée verte indique que le sous-

*Chora, le seul village de l'île*

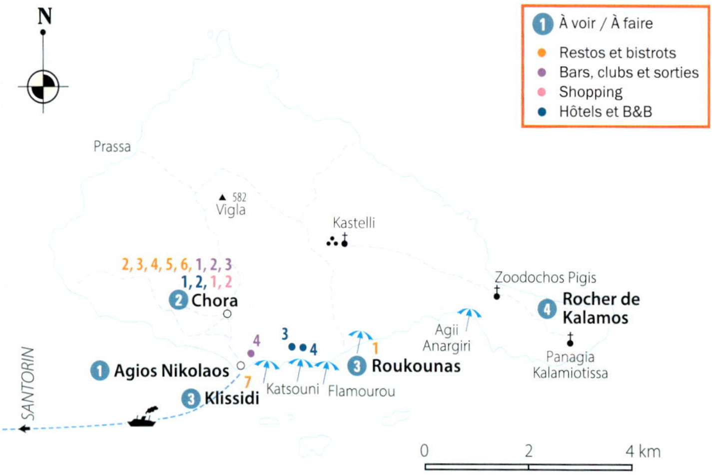


sol est riche en eau : roseaux et lauriers-roses, figuiers de Barbarie et palmiers inondent alors le creux du vallon. Avec leurs carrés de vignes et d'oliviers, les rares habitations font véritablement figure de petites oasis.

La côte est ponctuée de magnifiques plages de sable : **Klissidi**, Katsouni, Flamourou, **Roukounas** et celle d'Agii Anargiri presque au pied du monastère de Zoodochos Pigis.

***Une route asphaltée de 9 km relie Chora au monastère de Zoodochos Pigis. Des pistes en terre descendent vers les plages. À pied depuis Chora, sentier longeant la côte : sentier balisé 1, 2h30, 8 km, peu difficile.***

## Klissidi**

### Κλεισίδι

Avec son eau cristalline et sa bande de sable doré s'étirant entre les rochers, c'est la plage paradisiaque de l'île. La végétation y est luxuriante : eucalyptus, roseaux, tamaris et palmiers. Une ou deux tavernes et quelques chambres à louer achèvent ce tableau de carte postale. Évidemment, vous n'y serez pas seul l'été.

***À 1,5 km à l'E du port • Sur la route qui mène à Chora, embranchement à dr. (panneau). Depuis le port, sentier à dr. (panneau) : 10 min; facile.***

### Roukounas**

Ρούκουνας

Cette longue et belle plage de sable bordée de quelques tamaris attire depuis des décennies les campeurs, même si le camping sauvage est théoriquement interdit. En marchant sur la droite jusqu'à l'extrémité de la plage, une ouverture dans le rocher permet de rejoindre la jolie plage voisine de Mikros Roukounas.

*À 4 km à l'E de Chora sur la route du monastère de Zoodochos Pigis • Se garer devant la taverne I Papadia • Bus en saison depuis Chora.*

## 4 Rocher de Kalamos et ses monastères**

Κάλαμος

La pointe sud-est de l'île forme une spectaculaire pyramide visible dès notre arrivée au port : le rocher de Kalamos culmine à 463 m ; il est le deuxième plus grand monolithe de Méditerranée après Gibraltar. D'après la mythologie, l'île aurait été révélée par Apollon aux Argonautes pris dans une terrible tempête la nuit alors qu'ils rentraient dans Colchide avec la Toison d'or. Jason en personne aurait fondé le temple dédié au dieu des Arts et de la Lumière qui se trouve au pied du rocher.

### Monastère de Zoodochos Pigis*

Le temple est aujourd'hui recouvert par le monastère de Zoodochos Pigis, aux allures de petite forteresse : les fondations antiques du site sont clairement visibles dans le mur d'enceinte, tandis que l'église qui trône au milieu de la cour a été construite sur le temple lui-même. Longtemps abandonné au XX^e s., le monastère est aujourd'hui habité

## *Pause gourmande :* I Papadia

La taverne de la plage de Roukounas est une institution. Son nom, I Papadia, signifie « la femme du pope » en grec, et celle-ci œuvre toujours en cuisine, tandis que ses fils, Stathis et Stelios, s'occupent à tour de rôle du service. Au menu, les légumes du potager, de succulentes tourtes, des fromages de l'île, des pois chiches ou un chevreau cuit pendant 10h au four, autant de véritables délices. À ne pas manquer, le riz au lait ! À 100 m de la plage, la taverne et son jardin luxuriant font songer à une oasis.

*1 Plage de Roukounas (panneau « Ktima Roukounas »)
• ☏ 228 61 12 000 • Mai-oct. : t.l.j. 9h-minuit • De 9 à 14 €
• Location de 8 chambres de 35 à 65 €.*

Rocher de Kalamos, sur la côte sud

par deux ou trois nonnes venant de Santorin. Aimables, elles offrent souvent une glace ou un gâteau aux visiteurs. Le monastère est le point de départ de l'ascension du rocher de Kalamos.

*À 9 km à l'E de Chora • Bus en saison depuis Chora • Terminus de la route au monastère • En principe t.l.j. 11h-13h et 16h-18h.*

### Fête religieuse

**Aux alentours du 8 septembre, on célèbre pendant 2 jours la naissance de la Vierge. Une procession conduit l'icône jusqu'au sommet du rocher de Kalamos.**

## Ascension du rocher de Kalamos***

Derrière le monastère de Zoodochos Pigis, un sentier grimpe dans la garrigue jusqu'au **monastère de Panagia Kalamiotissa**, qui couronne le sommet du rocher de Kalamos. Il aurait été fondé en 1600 ou en 1715 sur les ruines d'une forteresse médiévale. Selon la légende, un berger aurait trouvé à cet emplacement une icône de la Vierge suspendue à un roseau, d'où le nom du monastère – unique en Grèce –, puisqu'il signifie « la Vierge au roseau ». En balcon sur l'Égée, l'église du monastère se dresse quasiment au sommet. Reconstruite après le séisme de 1956, elle est surmontée d'une belle coupole.

La vue sur les Cyclades est époustouflante. La longue chaîne montagneuse d'Amorgos surgit la première de la mer, bientôt suivie à l'ouest par les reliefs de Naxos, Ios et des Petites Cyclades, puis à l'est par l'île d'Astypaléa, injustement séparée des Cyclades au moment des guerres d'indépendance de la Grèce au XIXe s., et aujourd'hui dans l'archipel du Dodécanèse. Du sommet, on distingue Chora, qui surplombe le port et, au large, Santorin. Par temps clair, la Crète et sa silhouette crénelée de montagnes barrent le sud.

***Les passages les plus aériens sont protégés par une barrière. Éprouvant pour les personnes sujettes au vertige, surtout par jour de grand vent: 1h aller et 45 min retour; assez difficile.***

Restos | Bars | Hôtels | Shopping | Activités

# Restos Bistrots

## Argo

**Café-bar / petit déjeuner** 2

Pimpant avec ses chaises multicolores, c'est le premier café de l'île à ouvrir le matin. On se régale au petit déjeuner de tartines ou de yaourt arrosés du miel produit par Kyriakos, le patron. Il est agréable aussi d'y grignoter une salade grecque ou bien d'y prendre tranquillement un cocktail le soir. Vue envoûtante à la fois sur la mer et sur le village

Argo

en contre-plongée. Petite boutique à l'intérieur : miel de thym, origan, safran de l'île ; collection de châles et de sacs fabriqués au crochet par Lia, la patronne.

*Chora, peu après l'entrée du village sur la g. • ☏ 69 799 18 369 • Fin mars-oct. : t.l.j. 8h-minuit (jusqu'à 4h en été) • Tartines au miel 3,50 €.*

## Armenaki

### Resto / terrasse 3

Parmi les terrasses avec une vue fantastique sur la mer, ce restaurant se distingue par sa cuisine et par les excellents concerts de rébétika qu'il propose certains soirs d'été. Marcos mitonne aussi bien les viandes que les poissons. Sa moussaka au thon et son steak de thon ou d'espadon sont renommés.

*Chora, en contrebas de la pl. de la mairie • ☏ 228 60 61 234 • Mai-oct. : t.l.j. 10h-1h • Env. 15 €.*

## Astrakhan

### Taverne / terrasse 4

Napperons en vichy bleu et blanc, chaises ripolinées et coloquintes suspendues aux murs, cette petite taverne populaire distille une atmosphère vraiment authentique. Cuisine roborative de la grand-mère, comme les pâtes qu'elle fabrique elle-même *(balotia)*. Belle vue depuis la terrasse sur le port, la mer et les îlots.

*Dans le centre de Chora • ☏ 228 60 61 249 • Mars-nov. : t.l.j. midi et soir • De 8 à 15 €.*

## Liotrivi

### Taverne / terrasse 5

Une excellente taverne avec beaucoup de choix. La fraîcheur des poissons dans l'assiette est garantie grâce au patron pêcheur. Grande terrasse.

*Chora, avant la pl. de la mairie • ☏ 228 60 61 209 • En saison : t.l.j. 10h-minuit • De 8 à 15 €.*

## To Steki

### Cuisine traditionnelle / terrasse 6

L'adresse associe une agréable terrasse avec quelques tables dans la rue et une cuisine traditionnelle à petits prix : une combinaison gagnante ! Bonne musique et ambiance jeune.

*Chora, près de la mairie • ☏ 228 60 61 380 • F. nov.-mars • De 8 à 15 €.*

## Margarita's

### Taverne / terrasse 7

Cette taverne raffinée est idéalement située et jouit d'une superbe vue sur la plage paradisiaque de Klissidi. Le chef propose une cuisine soignée, avec en prime une dégustation des vins de l'île.

*Klissidi • ☏ 228 60 61 237 • www.margarita-anafi.gr • En saison : t.l.j. 10h-minuit • De 8 à 12 €.*

Armenaki

# Bars, clubs Sorties

## Glaros

### Café 1

Plus que d'entrer dans un bar, on a l'impression de rendre visite à un ami. Dans sa vieille maison au toit voûté, Aris sert de délicieux rakis. Dans un excellent français, il vous racontera peut-être pourquoi il a quitté Thessalonique…

*Chora, après la pl. de la mairie • ☏ 228 60 61 333 • Ouv. en été.*

## Monolithos

### Bar à cocktails 2

Situé au cœur du village, c'est le premier bar – sobrement – branché de l'île. Vinyles des années 70 à 90 et cocktails pointus sont appréciés par les connaisseurs venant d'Athènes. Mention spéciale pour l'Anaflexi, mariant gin, gingembre et mastic. Les habitués s'y retrouvent pour l'apéro avant de dîner dans une taverne du village : leur nuit ne fait que commencer puisqu'il s'agit de faire la tournée des 3M (Monolithos, Mylos et Madres).

*Chora, pl. de la mairie • ☏ 69 748 74 407 • Juin-sept. : t.l.j. 20h-3h • Aperol Spritz 8 €, cocktail 10 €.*

## Mylos

### Discothèque 3

Construit autour d'un ancien moulin, ce club ouvert en 1986 est resté dans son jus avec ses chaises en paille, ses canisses au plafond et ses ampoules bleues, vertes et rouges. De même pour Andréas, le sympathique barman et propriétaire, dont le grand-père était le meunier de l'île. On y écoute du rock et de la pop en se trémoussant sur la piste de danse. Un passage obligé pour les noctambules.

*Chora, à droite à l'entrée du village, juste au-dessus de l'église kitsch • ✆ 69 748 74 407 • Fin juin-début sept. : t.l.j. de minuit à l'aube • Ouzo 4 €, whisky 6 €.*

## Madres

### Club (pour les afters) 4

On y va rarement avant 3h du matin, voire 5h ou 6h, car l'objectif ici est de célébrer le lever du

encadré partenaire

## Villa Galini

Cette adresse située en contrebas de Chora est tenue par une sympathique famille de l'île. Stavroula, son mari et leur fils Giannis proposent à la location des studios agréables et spacieux, dotés d'une cuisine équipée et d'une salle de bains en béton ciré (les « Green Rooms »). Les chambres « bleues » sont plus simples et bon marché, mais pourvues elles aussi d'un balcon avec vue sur la mer. Toutes sont équipées d'air conditionné. La famille loue aussi quelques chambres et deux maisonnettes dans le village, ouvertes toute l'année. Transfert aimablement pris en charge depuis le port, même lorsqu'on arrive au milieu de la nuit.

**1** *À g. en contrebas en entrant dans Chora • ✆ 228 60 61 279 • villagalinianafi.gr • De 50 à 90 € • Location de voitures, quads et scooters.*

soleil dans une ambiance festive. Perché sur un promontoire, on danse sur la terrasse face au rocher de Kalamos et au ciel qui rougeoie au-dessus de la mer. Aux platines, le DJ alterne musique électronique et rock alternatif. C'est l'autre adresse d'Efi, la patronne du restaurant Margarita's.

*Entre Chora et le port (juste au-dessus de l'hôtel Apollon) • Juil.-août • Bière 5 €.*

## Hôtels B&B

### Sunset

**Chambres et appartements** **2**

La situation de cet établissement est idéale pour contempler le coucher du soleil. Même propriétaire que la taverne To Steki (p. 94).

*Au bout de Chora, derrière le piton rocheux • 228 60 61 280 et 69 765 04 739 • www.sunsetanafi.com • Wi-Fi gratuit • Pas de petit déjeuner mais possibilité d'en préparer un en chambre • De 50 à 70 €.*

### Ypseli

**Suites élégantes** **3**

Le nom évoque les ruches que l'on entreposait autrefois ici, sur ces trois anciennes terrasses qui regardent la mer. Pierres locales dorées et murs chaulés, plantes méditerranéennes et du désert, piscine pour se rafraîchir, mobilier en bois brut, paille et roseau : la première adresse boho-chic d'Anafi se fond dans le paysage. Elle compte 8 suites élégantes. Ses petits déjeuners traditionnels et healthy sont servis sur la grande table partagée ou à l'agréable *pool bar*. Les plages de Klissidi et Katsouni se trouvent à moins de 10 minutes à pied, la taverne de Roukounas à 15 minutes.

*Au début de la route du monastère, entre Chora et Roukounas • 228 61 86 634 • www.ypselianafi.com • De 120 à 210 €.*

### Gavalas Studios

**Studios** **4**

Chambres confortables avec cuisine. La maison est un peu isolée, mais les plus belles plages de l'île sont accessibles à pied en 10-15 min.

Ypseli

*En amont de la plage de Katsouni • ☏ 228 60 61 290 et 69 457 05 683 • www.gavalastudios.com • Mai-oct. • De 50 à 70 €.*

## Shopping Cadeaux

### Anafisgi

**Céramique** 1

Pour créer ses céramiques, Manos Arvanitis travaille quinze variétés d'argile, y compris celle d'Anafi, et différentes techniques. Avec l'aide de sa compagne Gina, il crée des assiettes, des plats, des vases, des bijoux… Ce qui rencontre le plus de succès, ce sont les tasses à café, toutes différentes les unes des autres, et les maisonnettes blanches d'Anafi, adorables petits cubes blancs posés sur un bloc d'argile.

*Chora, rue principale juste après la pl. de la mairie • ☏ 69 770 35 933 • www.anafisgi.gr • En saison : t.l.j. matin et soir • À partir de 7 €.*

### I Komvos

**Cartes et souvenirs** 2

Le nom de cette petite boutique à l'ancienne de souvenirs et vêtements signifie « le nœud » autant que « le carrefour ». On y trouvera la carte de rando d'Anafi, des chapeaux de paille, mais aussi de précieuses informations sur l'île grâce à Panagiotis, le patron, qui est musicien. Depuis plus d'une dizaine d'années, celui qui fut un des ingénieurs du son de Mikis Theodorakis s'est installé sur l'île et fait revivre la boutique de sa grand-mère. Il propose une bibliothèque gratuite à l'extérieur, où l'on emprunte et dépose des livres librement.

*Chora, à l'entrée du village en face de la poste • ☏ 228 60 61 250 ou 69 461 79 600 • En saison : t.l.j. matin et soir.*

## Activités Détente

### Koursaros

**Balade en bateau**

Quand le temps le permet, Tziorgis Roussos nous emmène sur son joli caïque en bois pour faire le tour de l'île (30 €) ou une balade le long de la côte sud jusqu'aux îlots inhabités qui lui font face (20 €). En voguant tels les Argonautes, l'expérience est grandiose entre le bleu incandescent de la mer, les falaises vertigineuses, les plages inaccessibles autrement que par la mer. Ouvrez grands vos yeux : tortues, dauphins ou phoques sont parfois au rendez-vous.

*Le port • ☏ 69 080 98 007 • De 20 à 30 € • Une collation est servie à bord (eau et sandwich) • Le caïque est aussi privatisable (300 €).*

# TOP ARTISANAT

**Certains perpétuent des traditions qui remontent à la nuit des temps, comme la céramique ou le travail du cuir. D'autres innovent en façonnant par exemple des bijoux avec d'anciennes montres. Tous sont passionnés et ont choisi le cadre des Cyclades, magnifique source d'inspiration, pour créer.**

## Transit

Traditionnelles sacoches, ceintures ou sandales en cuir, mais aussi pochettes pour AirPods : Stelios travaille le cuir avec amour depuis son enfance.

*Voir p. 59 • Le centre de l'île.*

## Galerie Eduart Gjopalaj

Ce sculpteur sur bois albanais est un vrai artiste. Mains tendues l'une vers l'autre ou envol d'oiseaux : ses créations aussi élégantes qu'expressives subjuguent.

*Voir p. 34 • Fira et ses environs.*

## Earth and Water

C'est à la fois l'atelier et la boutique du céramiste Andréas Makris, qui pétrit la terre depuis un demi-siècle. Coup de cœur pour son service à eau-de-vie.

*Voir p. 59 • Le centre de l'île.*

## Iota's Bag

Dans sa boutique grande comme un mouchoir de poche, Iota confectionne à la main uniquement portefeuilles et sacs colorés en cuir vegan ou non.

*Voir p. 48 • Oia et la pointe nord.*

## Anafisgi

Manos et Gina façonnent vases, tasses mais aussi de petites maisonnettes blanches, adorables souvenirs d'Anafi.

*Voir p. 98 • Anafi.*

*Galerie Eduart Gjopalaj*

# DE LA PLAGE DE ROUKOUNAS AU MONASTÈRE

**Entre ses paysages grandioses et vierges, ses ruines évocatrices et son monastère, le sud-est de l'île se prête merveilleusement à la randonnée. Cette boucle relie entre eux la cité antique de Kastelli, le monastère de Zoodochos Pigis et les plages sauvages de la côte sud, sous la tutelle du spectaculaire rocher de Kalamos.**

## Chapelle et sarcophage

Depuis la route, le sentier grimpe dans la garrigue pour rejoindre en 5 minutes la chapelle dédiée à la Vierge **Panagia Dokari**, entourée de blocs de marbre éparpillés. Le lieu a quelque chose de magique. Un **sarcophage romain** jouxte la chapelle, décoré de bas-reliefs sculptés. Il y a encore quelques années gisaient des bustes romains décapités, désormais conservés dans la petite salle archéologique de Chora (p. 89).

## Kastelli

Plus haut, le sentier zigzague pour rejoindre l'ancienne Anaphe, dite aussi Kastelli (15 minutes). **L'ancienne capitale** aurait été fondée au IXe s. av. J.-C. par les Doriens. Murs antiques, anciennes citernes et tombes souterraines, mais aussi huttes de berger et grottes aménagées en étables... Le site vibre encore de son occupation depuis l'Antiquité. Cela vaut la peine de grimper au sommet de la colline pour profiter de la **vue panoramique**.

## Voie sacrée

Le sentier descend sur l'autre versant de manière abrupte. En 10 minutes, on rejoint la chapelle **Agios Mamas**. De là, on ne peut qu'être ému d'emprunter la voie sacrée qui mène de la cité antique au temple d'Apollon (caché aujourd'hui dans le monastère) : **une heure de marche sublime** à flanc de colline, suspendu entre la mer et le ciel. Le silence, la vue grandiose sur un paysage vierge, les couleurs de l'eau et des rochers, le monastère qui apparaît d'abord comme un point puis comme une forteresse au pied du gigantesque monolithe de Kalamos... Faites une halte au **monastère** s'il est ouvert : les nonnes vous gratifieront d'un verre d'eau et d'une friandise.

## Les plages merveilleuses du Sud

Du monastère à la plage de Roukounas (sentier balisé 1), compter une marche de 1h30, à laquelle il faut ajouter des **pauses baignades irrésistibles**. Cette sublime balade au fil de l'eau égrène des plages sauvages, parfois occupées par quelques naturistes. Sable doré et mer turquoise sont une constante. Au croisement du sentier 2 (panneau en bois), soit vous remontez vers la route en 15 minutes (arrêt de bus Kastelli), soit vous descendez vers la petite chapelle blanche et, juste après, la **plage de Roukounas** et sa taverne.

### INFORMATIONS PRATIQUES

- Départ et arrivée : entre Chora et le monastère se trouve la plage de Roukounas et sa délicieuse taverne (p. 91). Si vous arrivez en bus, faites-vous déposer 800 m plus loin à l'arrêt Kastelli (grand panneau indiquant le départ du sentier). Sinon vous pouvez vous garer à la taverne I Papadia et descendre sur la plage de Roukounas, où se trouve sur la g. le départ du sentier (30 min de plus de marche).
- Balisage : quelques panneaux du sentier 2 (qui relie Roukounas au monastère) puis du sentier 1 (qui va du monastère à Chora).
- Distance et durée : env. 10 km, 4h.
- Difficulté : un peu difficile car long (possibilité de ne faire que la moitié en rentrant en bus depuis le monastère).
- À savoir : au monastère, on capte du réseau en grimpant à la petite chapelle située juste avant.
- Carte Anavasi recommandée.

*Entre le monastère et la plage de Roukounas se dresse la petite chapelle Agii Anargiri*

# IOS

7

Surprenante Ios ! Quel contraste en effet entre sa zone habitée – un petit triangle qui se résume au port, au village et à la fameuse plage de Mylopotas – et le reste de l'île, complètement sauvage. Depuis les années 1960, elle est surtout connue pour être le lieu de rendez-vous d'étudiants anglo-saxons et nordiques venus fêter leur diplôme dans une ambiance alcoolisée. Mais les choses changent. Ios est restée si préservée qu'un armateur s'est entiché de l'île : il a construit une petite poignée de villas et d'hôtels haut de gamme et ouvert quelques beach bars luxueux. Bonne nouvelle : entre la jet-set quasiment invisible et les fêtards que l'on peut facilement éviter, il y a de la place pour les voyageurs épris de tranquillité, de sable blond et d'adresses authentiques.

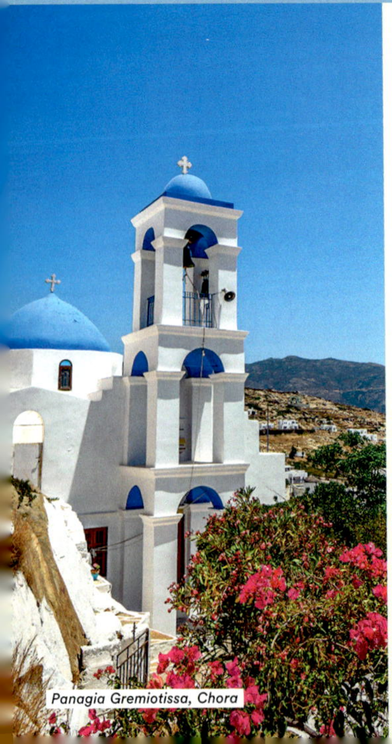

Panagia Gremiotissa, Chora

## 1 Gialos (ou Ormos)✦

Γιαλός Όρμος

L'église blanche d'**Agia Irini**, construite sur les rochers, accueille les bateaux qui entrent dans la profonde calanque où se cache le port. Autrefois sans grand charme, Gialos vibre aujourd'hui avec l'ouverture de nouvelles adresses, comme un bar à tapas musical, une taverne renommée pour sa créativité et quelques boutiques. Un beau chemin pavé mène à Chora en 15 minutes. Pour se baigner, une grande plage de sable blond jouxte le port. À moins de pousser à 1,5 km à l'ouest : la plage de **Koumbara** fait face au coucher du soleil.

## 2 Chora✦✦✦

Χώρα

C'est l'un des plus pittoresques villages des Cyclades. Bâtis sur la cité antique, les petits cubes blancs des maisons et des chapelles s'emboîtent les uns dans les autres contre la colline rocheuse qui domine le port. Dans certaines ruelles, le rez-de-chaussée des maisons est occupé par des bars et des discothèques. La nuit au cœur de l'été, de 23h à l'aube, le village est pris d'assaut par les jeunes fêtards. Le reste du temps, il est merveilleux de se promener dans le lacis des ruelles qui forment un véritable labyrinthe en escalier. Hors saison, le temps semble comme suspendu, avec quelques boutiques anciennes et des cafés remplis de vieux.

*À 2 km du port • Bus depuis le port: toutes les 15 min en été • À pied depuis le port: 15 min.*

## Musée archéologique*

Pédagogique et étonnamment riche, ce petit musée moderne de quatre salles constitue une excellente introduction à la civilisation cycladique (panneaux en anglais), présentée à partir du résultat des fouilles exécutées dans le village néolithique de Skarkos (2700-2400 av. J.-C.). Des objets retrouvés ailleurs sur l'île sont aussi exposés.

*Au niveau de la station de bus de Chora, dans la mairie • 228 60 91 246 • Mar.-dim. 8h-15h • Entrée: 4 €.*

## Varino's House*

Une ancienne maison du village a été restaurée avec sobriété pour accueillir l'œuvre du photographe allemand Christian Diener, intitulée « A Journey to Ios ». Christian Diener fut un des premiers étrangers à s'enraciner sur l'île. Ses photos pleines de joie témoignent des années 1960 à 80.

*Ruelle Petrou I. Lymperi (panneaux « A Journey to Ios » dans le village) • Instagram : ajourneytoios • Avr.-oct. : mar.-dim. 10h-12h et 19h-23h • Gratuit.*

## *Pause raffinée :* Ithaka

Un ceviche à la grecque servi avec une purée de citron, une tourte aux épinards déstructurée, un pavé de sériole grillé et servi comme une viande avec du chou-fleur... Après avoir fait leurs armes à Mykonos, Santorin et Londres, le tout jeune chef Haris et son frère Denys ont choisi Ios pour ouvrir leur premier restaurant. Accompagnés par une chef pâtissière, ils revisitent de manière créative et légère la cuisine grecque et méditerranéenne. Parmi les succulents desserts, goûtez au feuilleté à la crème, le fameux *bougatsa* revisité. Service souriant et décontracté. Plusieurs fois primé, Ithaka est classé parmi les 30 meilleurs restaurants de Grèce par le magazine *Athinorama*. Une adresse fraîche et réjouissante.

1 *Sur le port face au quai • 228 60 92 184 • En saison : t.l.j. 9h-1h • De 25 à 40 €.*

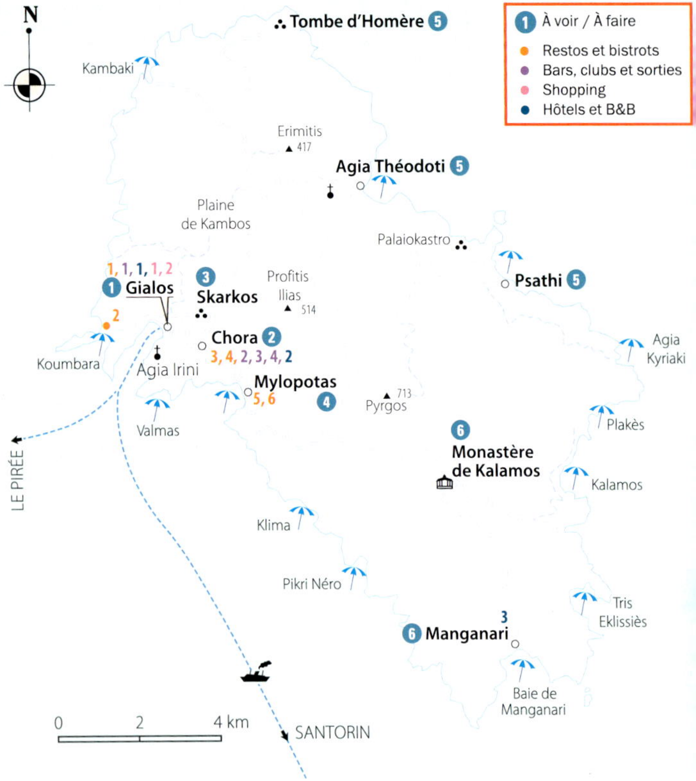


## Sommet du village***

L'ascension jusqu'au sommet du village est un must au coucher du soleil. La grande église de Panagia Gremiotissa et trois adorables chapelles s'étagent sur le mont dénudé et rocheux, parmi les ruines du Kastro, l'ancienne forteresse vénitienne. Panoramique, la vue est absolument sublime.

## Théâtre Odysséas Elytis*

À l'est du village, au-dessus des douze moulins, se trouve l'amphithéâtre en plein air Odysséas Elytis. En dehors des représentations qui s'y tiennent en été, il vaut la peine d'y grimper pour la vue magnifique sur la plage de Mylopotas, mais aussi sur Chora avec son enchevêtrement de maisons blanches et de coupoles bleues blotti contre sa colline rocheuse.

## 3 Skarkos✦

Σκάρκος

Bâti en forme de spirale autour d'une colline, le village néolithique se voit de loin. Il domine la plaine fertile de Kato Kambos. Le site archéologique a reçu le prix du patrimoine culturel de l'Union européenne en 2008. Skarkos est le plus grand village connu du début de l'âge du bronze. Maisons à deux étages, système de récupération d'eau de pluie, réseau d'égout...: il met en lumière le savoir-faire en matière d'organisation urbaine au moment où la civilisation cycladique était à son apogée.

*À 1 km au N de Chora et du port • Mar.-dim. 8h-15h • Entrée: 4 € • Circuit balisé (panneaux en anglais).*

## 4 Mylopotas✦✦✦

Μυλοπόταςς

Superbe baie ourlée par une large écharpe de sable blond qui fait face à une mer turquoise. Certains comparent la plus belle plage de l'île à Miami Beach. Le lieu est tout indiqué pour parfaire son bronzage en monokini ou exhiber son corps bodybuildé: alignement de transats et de parasols, beach bars diffusant de la musique et sports nautiques dernier cri.

*À 2,5 km au S de Chora • Bus depuis le port et Chora toutes les 15 min en été.*

*La magnifique plage de Mylopotas*

Baie de Manganari

## 5 Le nord de l'île✦

### Tombe d'Homère✦

Τάφος του Ομήρου

Même si quelques marbres antiques ont été scellés dans du béton, il est peu probable que l'auteur de *l'Iliade* et de *L'Odyssée* soit enterré ici. En revanche, le lieu dégage une magnifique énergie. La tombe est entourée de centaines de cairns et elle offre une vue sublime sur les paysages sauvages du Nord : des collines rayées d'anciennes terrasses, des dizaines de ruches et la garrigue qui tombe en pente douce dans la mer.

*À 13 km au N de Chora • Prendre la route des Moulins puis tourner à g. en dir. d'Agios Ioannis (panneau) • Pas de bus.*

### Agia Théodoti✦

Αγία Θεοδότη

Lovée au creux des montagnes, la petite plaine côtière d'Agia Théodoti est ourlée d'une longue écharpe de sable clair. Elle tire son nom de l'église du XVIe s. qui la domine. À gauche, la plage est dotée d'infrastructures ; à droite, elle se prête au nudisme (piste en terre juste avant la taverne) ; au centre, des rochers plats léchés par les vagues sont couverts de graffitis.

*À 10 km au N-E de Chora • Pas de bus.*

### Vers Psathi✦

Ψάθη

Après avoir laissé Agia Théodoti à gauche, la route traverse des paysages superbes et montagneux offrant une vue plongeante sur les Petites Cyclades et Naxos. En descendant vers la mer (à env. 15 km de Chora), les ruines d'une forteresse byzantine sont visibles sur la gauche : Palaiokastro se dresse sur un éperon rocheux (à pied par un sentier aménagé en 10 min). Psathi se réduit à un hameau qui compte une taverne réputée, une église et quelques chambres à louer. Sa plage est enlaidie par des constructions inachevées.

*À 18 km à l'E de Chora • Prendre la route en dir. d'Agia Théodoti sur 7 km puis tourner à dr. (panneau) • Pas de bus.*

## 6 Le sud inhabité✦✦

La route goudronnée qui dessert Psathi a été prolongée jusqu'à la pointe sud d'Ios et la baie de Manganari. Elle serpente au milieu de splendides paysages sauvages.

## Monastère de Kalamos*

Κάλαμος

Même inoccupé, il dégage une ambiance joyeuse et festive. Entre les chapelles, les cellules des moines et le jardin soigné sont alignés des dizaines de tables, une cuisine et un comptoir pour servir les boissons. La fête de son saint, Agios Ioannis Prodromos, se tient le 29 août et réunit toute l'île autour d'un grand repas. Une piste qui part à gauche derrière le monastère mène à la plage de Papa (aujourd'hui privatisée par un hôtel) et à la superbe plage solitaire de Kalamos (à 3,6 km).

*À 19 km S-E de Chora • Route de Manganari.*

## Baie de Manganari***

Au fond d'un large golfe se succèdent quatre plages de sable, dont celle qui servit de décor à plusieurs scènes du *Grand Bleu*. Tavernes, chambres à louer et activités nautiques se sont multipliées le long de la baie, suffisamment grande toutefois pour ne pas s'y sentir à l'étroit. Attention, quand le *meltem* souffle, il n'y a pas de vagues mais du sable dans l'air…

*À 26 km au S de Chora • Bus (privé) depuis le port via Chora • Accessible en bateau depuis le port.*

Restos | Bars | Hôtels | Shopping | Activités

# Restos Bistrots

## Polydoros

**Taverne / terrasse** 2

Cette taverne familiale est réputée pour ses plats cuisinés, comme le *biftéki giaourtlou*, steak de viande hachée arrosé de sauce tomate et de yaourt. Salade grecque généreuse et délicieuse. Excellent poisson selon arrivage.

*Plage de Koumbara, sur la dr., à 100 m avant la plage • ☎ 228 60 91 132 • En saison : t.l.j. 13h30-23h • De 12 à 15 €.*

## Katogi

**Mezzés** 3

Ce restaurant très chaleureux, caché dans les ruelles en haut du village, propose les meilleurs mezzés de l'île avec une pointe d'originalité. Goûter à la *fava au siglino* (purée de pois de gesse au porc confit) ou à la feta au miel et au sésame.

*Chora • ☎ 69 834 40 900 • En saison : t.l.j. 19h30-1h • De 14 à 20 €.*

## Saïnis

**Taverne traditionnelle** 4

Après son grand-père et son père, Christos a pris le relais de cette taverne qui existe depuis 1965.

Le jeune patron est au four et au moulin. Panse bien remplie comme sur l'affiche de la taverne, il fait preuve d'originalité avec son tablier à cravate et sa toque de cuistot multicolore. Dans l'assiette, la meilleure cuisine traditionnelle grecque qui soit : *kleftiko* (agneau au four cuit avec trois fromages de l'île et des poivrons), frites divines, feuilles de vigne à la sauce œuf et citron, tzatziki... Les portions sont généreuses.

*Chora, petite ruelle sous les moulins • ☏ 228 60 93 040 • T.l.j. 19h-tard le soir • De 18 à 25 €.*

## O Drakos

### Resto de poisson 5

Bon restaurant de poisson et de fruits de mer. Le choix est large: langouste, mérou, rouget, araignée de mer...

*Mylopotas, tout au bout de la baie • ☏ 228 60 91 281 • En saison : t.l.j. 13h-23h • De 20 à 30 €.*

## Cantina del Mar

### Beach bar / restaurant 6

Le plus petit des beach bars de la plage de Mylopotas sert de copieux brunchs, de délicieux hamburgers et des salades rafraîchissantes dans son restaurant décontracté. Pour s'hydrater, on sirote un smoothie rafraîchissant ou un cocktail géant. Quelques confortables lits de plage au bord de l'eau, au coin de la plage, là où l'on est le mieux abrité du *meltem*...

*Mylopotas, tout à dr. en arrivant sur la plage • ☏ 69 371 91 087 • cantinadelmar.gr • En saison : t.l.j. 9h-minuit • De 12 à 20 €.*

# Bars, clubs Sorties

## Allo

### Bar à tapas et musique *live* 1

Face à la mer, de bonnes vibes se dégagent de ce bar-restaurant bohème et frais où l'on joue de la musique *live* le soir à partir de 20h. Pleine d'entrain, Salomé, la patronne franco-grecque, met l'ambiance. Elle a travaillé dans de nombreux bars de l'île avant de monter ce sympathique bar à tapas, avec Amaury, qui a une longue expérience de barman. On y sert aussi bien des brunchs aux œufs frais de l'île, quelques mezzés et plats grecs que des cocktails originaux comme l'Expresso Martini ou la Caipirakinha à l'eau-de-vie grecque (raki).

*Sur le port, près du débarcadère, à dr. en regardant la mer • ☏ 228 60 91 469 • www.alloios.com • En saison : t.l.j. 12h-minuit • Cocktail à partir de 7 €.*

## To Kafénion i Nios (Kafé Nios)

### Café-bar 2

Des chaises multicolores sous une gigantesque bougainvillée : situé sur la place du bas *(kato platia)* du village, ce café traditionnel offre une halte charmante aussi bien en journée que tard le soir pour prendre un café, une bière ou un raki. En revanche, assiettes de fromages et charcuteries ne sont à recommander que si vraiment on a faim. Musique *live* le soir.

*Chora • ☏ 228 60 92 164 • T.l.j. 9h-3h • Café à partir de 3 €.*

## Ios Club

### Bar à cocktails 3

Posé sur les rochers juste en face de Chora, ce bar historique offre une vue plongeante sur la grande baie du port et le soleil couchant. Fréquenté autrefois par les hippies et les artistes, il s'est métamorphosé aujourd'hui en un bar à cocktails et restaurant sophistiqué. Un must pour siroter un verre dans une atmosphère lounge et chic avec une vue toujours aussi exceptionnelle.

*Chora • ☏ 69 857 20 049 • iosclub.gr • En saison : t.l.j. 19h-1h • Cocktail à partir de 10 €.*

## Jar Bar

### Bar à cocktails 4

Si on veut un cocktail sophistiqué et se régaler à voir le barman le préparer, c'est ici qu'il faut venir. Fleurs, fruits déshydratés, liqueurs maison, infusions d'herbe

To Kafénion i Nios

## Nightlife

**Les 18-25 ans :** ce public de jeunes fêtards bruyants obéit à un rythme précis (il est donc facile de l'éviter). Leur journée commence à 16-17h au Far Out sur la plage de Mylopotas, où ils font la fête jusqu'à 23h, puis les jeunes grimpent (à pied ou en bus) à Chora, où ils déambulent souvent en titubant dans les ruelles et égrènent les bars : Ios Club, Slammer, Flames, Ios Blue, Barmacy... Enfin ils se rendent dans les discothèques Skorpios et Sweet Irish Dreams à partir de 3-4h. Ambiance de beuverie. Chora est rarement belle à voir au petit matin.

**Où sortir à Chora si on a plus de 25 ans ?** De plus en plus de bars accueillent un public plus adulte qui veut lui aussi profiter de la magie de Chora la nuit : Jar Bar *(p. 109)*, Helios (vieux bar rock à l'étage, belle ambiance), To Kafénion i Nios (p. 108, le spot pour observer le passage des bandes de jeunes éméchés tout en sirotant un raki) mais aussi des bars à cocktails plus récents comme Lotus, Valsamo, Click Cocktail Bar.

locale : Yannis adore ajouter sa touche personnelle aux recettes classiques ou créer ses propres cocktails. La terrasse très agréable en journée ou en début de soirée devient inaccessible au milieu de la nuit : la place centrale du village est alors prise d'assaut par les fêtards. Cocktails à emporter.

*Chora, pl. centrale • ☏ 69 499 82 176 • Facebook : Jar Bar • Avr.-oct. : t.l.j. 19h-4h • Cocktail à partir de 12 €.*

## Hôtels B&B

### Liostasi

**Hôtel de luxe** 1

Cet hôtel au design audacieux noir et blanc joue la carte arty en décorant son lobby et son *pool bar* de grandes sculptures d'artistes grecs contemporains. Il jouit d'une vue exceptionnelle sur la baie de Gialos et le coucher du soleil. Son restaurant Grandma's est réputé être l'un des meilleurs de l'île.

*Entre le port et Chora (500 m avant) • ☏ 228 60 92 140 • www.liostasi.com/fr • Restaurant : www.grandmasrestaurant.gr • Mai-sept. • Wi-Fi gratuit • Plus de 150 € ; à partir de 300 € la chambre au cœur de l'été.*

### Vénus

**Pension** 3

Une pension familiale très sympathique. Jolis bâtiments de style cycladique avec chambres bien équipées et salles de bains pratiques. Petits déjeuners légers. Transats et parasols sur la plage gratuits pour les clients. Bonne taverne familiale. La plage est magique, mais les villages sont à 25 km.

*Manganari, au milieu de la plage • ☏ 228 60 92 374 et 69 723 15 651 • www.venus-hotel.gr • Mai-oct. • Env. 80 €.*

## Shopping Cadeaux

### Mateo Stones

**Bijoutier** 1

Améthyste, agathe, lapis-lazuli, mais aussi roches locales comme l'obsidienne, le quartz rose ou le jaspe... Mateo aime tailler, poncer, polir la pierre pour créer des bijoux. Son atelier se trouve au fond de la boutique. Si vous repérez un cristal ou un galet qui vous plaît, il se fera un plaisir de vous le monter en bague ou en collier.

*Sur le port face à la mer, à côté du bar à tapas Allo • ☏ 69 701 34 507 • Facebook : mateostonesios • En saison : t.l.j. • À partir de 20 €.*

### Votsalo Fashion & Culture

**Boutique de mode** 2

Tenue par Stella, une sympathique habitante de l'île, cette boutique de vêtements de plage a un côté mode bohème, clinquante et colorée. On y trouve entre autres de l'huile de monoï, de jolies serviettes en éponge, des maillots de bain et des tuniques de créateurs grecs, ainsi qu'une multitude d'accessoires pour être une it girl ou un it boy sur la plage. Plus petite, la boutique sœur située à Chora offre beaucoup moins de choix.

*Sur le port • ☏ 228 60 91 191 • www.votsaloconceptstore.com • Mai-sept. (horaires flexibles).*

## Activités Détente

### Fromagerie Diaseli

**Dégustation de fromages**

Haut dans la montagne, sur un col ouvert à tous les vents, une vieille ferme a été reconstituée par une famille d'éleveurs. Après une courte visite pédagogique où Eleni nous explique comment l'on vivait et faisait du fromage autrefois, on s'attable devant un plateau de fromages et de miels produits sur place par la famille.

Au poivre ou aux herbes, plus ou moins affinés, frais, crémeux ou à pâte dure : les neuf variétés de fromages donnent des envies de pique-nique à emporter sur la plage.

*À 11 km du port et de Chora, sur la route de Manganari • ✆ 69 727 98 071 • Résa conseillée • 15 € la visite et la dégustation accompagnée d'un verre de vin.*

## Ios Path

### Randonnées avec un guide

Depuis qu'il a pris sa retraite, Georgos Dimitropolos, ancien militaire, n'a qu'une envie : restaurer les sentiers de l'île et partager. C'est pour lui une manière de préserver Ios en faisant connaître son histoire et ses paysages. Il est l'auteur d'un remarquable guide de randonnées et l'on trouve de nombreux circuits décrits sur le site de son association. Il prend plaisir à accompagner sur les sentiers balisés ou inexplorés, à commencer par la visite de Chora. Georgos organise aussi chaque année un triathlon renommé (iosadventure.gr).

*✆ 69 781 23 882 • iospaths.gr • À partir de 20 €/pers. en fonction du nombre de pers. et de la durée • Guide* Discovering Ios through its footpaths *20 €.*

## Eirini Dimopoulou

### Photographe

Grande voyageuse, cette jeune photographe de l'île shoote mariages et baptêmes mais aussi des couples et des familles en vacances sur Ios. Elle aime partager ses meilleurs spots et saisir des scènes spontanées dans une lumière naturelle. Avant le shooting, elle propose une première rencontre autour d'un café pour comprendre les envies

Chora

de ses commanditaires. Une manière originale de rencontrer une sympathique locale.

*• 69 799 65 900 • Instagram : eirini.dimo • 100 € le shooting pour 1h, 150 € les 2h.*

## New Dive

### Plongée

Voir p. 15.

## Mylopotas Water Sports

### Sports nautiques

Ski nautique et wakesurf, tube et banana rides, windsurf, kayak, paddle… tous les sports nautiques sont proposés par ce club. Il organise aussi tous les jours des excursions pour explorer la côte en dentelle de l'île et se baigner dans les meilleurs spots : « Scenic boat tour » (bateau naufragé, grotte de Koumbara et plage de Pikri Néro), « Sunset tour » au coucher du soleil ou « Best of beaches » qui égrène les plages du Sud jusqu'à Manganari.

*Même contact que New Dive • Excursions en bateau : 40 et 50 €.*

## Dream Boat

### Excursion en bateau

Constellée de 36 plages paradisiaques souvent difficilement accessibles, Ios invite à explorer sa côte par la mer. Au port, plusieurs bateaux proposent des excursions. Ce grand caïque bleu surligné d'un liseré rouge s'appelle *Oneiro*, « rêve » en grec. Il dessert toutes les plages du Sud et propose un barbecue à bord.

*69 451 67 075 • www.dreamboat.gr • Départ à 10h30, retour à 16h • 50 €.*

# RANDO : DU VILLAGE AU PORT

**Crique merveilleuse, superbe église cycladique, site archéologique : cette magnifique boucle mène à la petite plage de Valmas puis au port en croisant l'église d'Agia Irini. Pour remonter au village, elle fait l'école buissonnière en passant par le site archéologique de Skarkos et la douce campagne de l'île.**

INFORMATIONS PRATIQUES
- Départ et arrivée : Musée archéologique.
- Durée : env. 3h.
- Distance : 7 km.
- Difficulté : assez facile.

## De Chora à la plage de Valmas

Du musée, descendre vers le port et prendre la première à gauche (panneau « Valmas Beach ») qui passe devant la poste et le poste de police. Cette **petite route de crête** offre une vue magnifique sur le port d'un côté et sur toute la côte sauvage du Sud de l'autre. Juste avant l'héliport, un nouveau panneau indique la direction de Valmas : la piste en terre plonge alors vers la **crique**. Sable et galets colorés, eau limpide : difficile de résister à une baignade.

## Agia Irini

Le sentier file sur la droite et surplombe de grandes dalles

Agia Irini

de schiste léchées par les flots : le spot est prisé par les naturistes pour bronzer. En 20 minutes environ, on rejoint la **chapelle d'Agia Irini**, qui se dresse au-dessus de la mer. Jeux d'ombres et de lumières, enchevêtrement de cubes blancs et de courbes arrondies : on immortalise en photo ce monument graphique à souhait.

## Le port

Quelques marches, et l'on rejoint la petite plage de l'ancien camping. Le port égrène ses caïques, voiliers et bateau pirate d'un côté, ses bars et tavernes de l'autre. Longer les quais jusqu'à rejoindre la grande **plage de Gialos**. Après le premier café (Tropicana), tourner à droite et prendre le petit chemin qui passe devant la pension Villa Mata, puis tourner immédiatement à gauche.

## Skarkos

La petite route mène à travers champs jusqu'à la grande route : tourner à droite puis à 150 m à gauche (panneau « Site archéologique »). Le chemin de terre conduit au parking du site gardé par deux gigantesques eucalyptus. Cinq minutes plus tard se trouve l'entrée d'**une des villes les plus anciennes de Grèce**, en forme d'escargot (d'où son nom). Encadré de murets en pierre sèche, le chemin qui ramène à Chora longe quelques étables peuplées de chèvres. En 20 minutes, vous voilà sur la place située en haut du village.

# ORGANISER SON WEEK-END

Petit port d'Ammoudi, en contrebas du village d'Oia, Santorin

# L'ESSENTIEL

## Quand partir ?

**Meilleures périodes :** mai-juin et septembre-octobre. Santorin est saturée en juillet-août. Début juillet et fin août sont aussi très agréables sur Ios et Anafi. La plupart des hébergements sont ouverts d'avril à octobre à Santorin, de juin à septembre sur Ios et Anafi.

Au **printemps** (d'avril à mi-mai), les Cyclades se couvrent de fleurs.

**Pic de fréquentation :** juillet et août. Si vous y allez à ces dates, pensez à réserver votre hébergement à l'avance.

**Température de la mer :** l'eau est encore fraîche dans toutes les Cyclades au début du mois de juin (18-20 °C). Elle se réchauffe jusqu'à 25-26 °C en plein été, et on peut s'y baigner jusqu'à mi-octobre.

## Comment y aller ?

Santorin possède un **aéroport international** (JTR) ; vols directs depuis Paris avec Transavia et Air France (3h30).

Pour rejoindre Ios et Anafi, il faut prendre un ferry ou un bateau rapide. 2 à 4 bateaux/j. relient Santorin à Ios (1h de traversée) en saison. Pour Anafi : 1 ou 2 bateaux /j. presque tous les jours l'été, 2 par semaine hors saison (durée 1h30). Attention, le vent peut souffler fort en toute saison et couper les liaisons maritimes.

*www.openseas.com*

## Formalités

**Passeport ou carte d'identité** valide pour les ressortissants de l'UE.

**Permis de conduire** national si vous souhaitez louer un véhicule.

**Infos Covid** : voir p. 120.

## Budget

Très variable selon les îles, Santorin étant la plus chère,

### Combien ça coûte ?

- Repas complet : 15-30 € à Santorin, 14-25 € à Ios, 12-18 € à Anafi.
- Liaison en ferry : Santorin-Ios : 40 € rapide, 14 € en ferry ; Santorin-Anafi : 7,50 € en ferry.
- Café grec : 1,50-2,50 €.
- Sandwich grec : 2,50-2,80 €.

Anafi la plus abordable.
Notez que les prix des hôtels doublent ou triplent en été.

En été, petit budget : 60 €/j./pers. ; budget moyen : 100-120 €/j./pers. ; budget plaisir : plus de 200 €/j./pers.

# Où loger et se déplacer sur les îles

Voir les informations relatives à chaque île : **p. 24, 86 et 87.**

# Vie quotidienne

## Décalage horaire

**+ 1h par rapport à la France :** quand il est midi en Grèce, il est 11h en France.

## Électricité

Le courant est de 220 V et la fréquence de 50 Hz, comme en France. Les fiches françaises sont compatibles avec la majorité des prises électriques grecques (les rares exceptions concernent des demeures assez anciennes).

## Horaires

Excepté sur les sites touristiques, la sieste est sacro-sainte sur les îles. Les villages sont déserts de 15h à 18h.

# Téléphone

**Depuis l'étranger vers la Grèce :** 00 30 + n° du correspondant (indicatif des Cyclades : 228, téléphones portables : 69).

**Depuis l'étranger vers la France :** 00 33 + n° du correspondant (sans le 0 initial).

## Frais d'itinérance

Les frais d'itinérance ne sont plus facturés lors de vos voyages au sein de l'Union européenne. Vos communications (appels, SMS) et votre connexion Internet en Grèce sont incluses dans votre forfait. Pour Internet, des plafonds sont en général fixés par votre opérateur.

**Attention, la réglementation européennene ne concerne pas les espaces maritimes** : soyez prudent si vous essayez de vous connecter sans Wi-Fi pendant une traversée en ferry, les coûts peuvent exploser !

## Se renseigner

- Office national hellénique du tourisme (ONHT) : 01 42 60 65 75.
- www.cyclades-tour.gr (en anglais) : traditions, activités, histoire… le site de l'office de tourisme grec dédié aux Cyclades.
- www.livingreece.gr/strikes (en anglais) : les grèves annoncées.
- www.meteo.gr (en grec) : météo précise.

# Formalités

## Enfants mineurs

Les enfants mineurs doivent avoir leur propre carte d'identité ou passeport. S'ils ne sont pas accompagnés de leurs parents, une autorisation de sortie du territoire est nécessaire. Celle-ci est également nécessaire si l'enfant n'a pas le même nom de famille que son accompagnateur (livret de famille exigé).

***Formulaire à télécharger sur : www.service-public.fr/particuliers/vosdroits/F1359***

## Assurance

Pensez à vous munir d'une assurance pour prévenir tout tracas à l'étranger (perte ou vol de bagages, accident, rapatriement…). Certaines cartes bancaires offrent une couverture à l'étranger, renseignez-vous auprès de votre banque.

## Douane

Pas de formalité douanière pour des achats personnels, à l'exception de l'alcool et des cigarettes dont les quantités sonr règlementées.

## Informations Covid

En raison de la pandémie, il est impératif de vous renseigner sur les conditions pour entrer dans le pays : preuve de schéma vaccinal complet et formulaire (à remplir en ligne avant le départ) voire test négatif peuvent être exigés.

***Toutes les infos actualisées sur : www.diplomatie.gouv.fr/fr/conseils-aux-voyageurs/***

# Argent

## Cartes bancaires

La Grèce étant un pays de la zone euro, inutile d'emporter des sommes importantes en espèces : tous vos paiements par carte bancaire sont gratuits. En revanche, une commission de 2 à 4 € s'appliquera à vos retraits de liquidités dans les distributeurs. Les règlements par carte sont acceptés dans presque tous les hôtels et les restaurants. Si vous allez à Anafi, prévoyez de retirer assez d'espèces pour subvenir à vos besoins sur place. Notez que la carte American Express est moins souvent acceptée que les cartes Visa et MasterCard.

### Perte ou vol de votre carte

Procurez-vous auprès de votre banque le numéro d'urgence pour faire opposition depuis l'étranger. Sinon, composez depuis la Grèce les numéros d'opposition.

*Tout réseau : ✆ 0033 442 605 303.*
*Visa : ✆ 00 800 11 638 0304 • www.visaeurope.com*
*MasterCard : ✆ 00 800 11 887 0303 • www.mastercard.fr*
*American Express : ✆ 0033 1 47 77 72 00 • www.americanexpress.com/france*

### Pourboires

Ils sont bienvenus car les serveurs sont très peu payés : de 5 à 10 %.

## Location de véhicules

### À savoir

- Vous êtes obligé d'utiliser la même carte bancaire pour la souscription de la location et pour l'empreinte de carte qui sera prise sur place pour la caution. Si vous ne présentez pas la même carte, certaines agences peuvent vous refuser le véhicule sans vous rembourser la réservation.
- Beaucoup de loueurs exigent une carte de crédit pour la caution. Or, la quasi-totalité des Français ne disposent que d'une carte de débit ! Contactez votre banque pour savoir comment en obtenir une. Si vous ne présentez pas de carte de crédit, certaines agences peuvent là aussi vous refuser le véhicule sans vous rembourser. À noter : une carte de débit à débit différé est considérée comme une carte de crédit.
- Si vous louez par un comparateur (comme BSP Auto, Carigami, Rentalcars...), il n'est pas responsable des contentieux avec le loueur : il faudra vous retourner directement contre celui-ci en cas de problème.
- Lisez le contrat de location pour connaître les options et assurances incluses. Les loueurs les moins chers imposent des frais très importants en cas d'accident.
- Pensez à prendre en photo le véhicule sous tous les angles (extérieur et intérieur) au moment de la prise de la voiture, puis également au moment de sa restitution.
- Vous devez restituer le véhicule avec au minimum le même niveau d'essence que lorsque vous l'avez pris.

- Certaines cartes bancaires (type Visa Premier) disposent d'une assurance incluse pour les véhicules citadins, mais celle-ci n'est pas forcément valable pour les 4×4 ni pour les camping-cars. Prenez une assurance à part ou celle proposée par le loueur.
- Il est fréquent que la caution soit réellement débitée et ne soit remboursée que plusieurs semaines après la restitution du véhicule.
- En cas de dégâts sur votre véhicule, contactez immédiatement votre assurance et demandez quels papiers sont nécessaires pour obtenir le remboursement des frais.

# Vie quotidienne

## Politesse et usages

### Dans les églises et les monastères

Une tenue correcte s'impose dans la plupart des édifices religieux : épaules couvertes et jupe sous les genoux pour les femmes, pantalon pour les hommes.

## Numéros utiles

Appel d'urgence : ☎ 112 (gratuit)

Police touristique : ☎ 171

Urgences médicales : ☎ 166 (en anglais). Peut renseigner sur les pharmacies de garde sur votre île.

SOS Médecin : ☎ 1016.

### Coutumes

N'avancez jamais votre main paume en avant et doigts écartés face à quelqu'un, insulte suprême *(mountza)* qui signifie « aller au diable ».

## Toilettes

Il est demandé de ne rien jeter dans la cuvette des toilettes, papier compris. Une poubelle est prévue à cet effet.

## Saison touristique

Elle dure globalement de mai à octobre à Santorin, de juin à septembre à Anafi et à Ios.

# Santé

## Situation sanitaire

Suite à la pandémie de Covid, il est impératif de vous renseigner sur les conditions pour entrer dans le pays : preuve de schéma vaccinal complet, voire test négatif peuvent être exigés. **Renseignez-vous sur les documents nécessaires** pour voyager et sur la situation sanitaire dans le pays sur www.diplomatie.gouv.fr/fr/je-pars-a-l-etranger

## Carte européenne d'assurance maladie

Pensez à prendre la **Carte européenne d'assurance maladie** (valable 2 ans), qu'il faut demander à votre CPAM au minimum 3 semaines avant votre départ. Elle vous permettra, en principe, de ne pas avancer de frais médicaux dans les hôpitaux, les cliniques ou les centres de santé publics. En revanche, il faudra avancer les dépenses chez les médecins ou dans les pharmacies : **pensez impérativement à demander une facture papier** car l'original sera exigé à votre retour en France pour en obtenir le remboursement par votre caisse de Sécurité sociale.

En cas de problème grave, il est conseillé de se faire rapatrier sur Athènes.

# Sécurité dans les îles

Vols et agressions sont presque inexistants dans les Cyclades, et les règles de prudence élémentaires suffisent (pas d'affaires en vue dans votre voiture, pas d'objets trop chers ni trop voyants sur soi...).

Vous pouvez sans problème confier vos bagages au café du coin le temps d'une visite ou d'une petite baignade.

Les principaux problèmes surviennent chez les conducteurs de scooters : il y a chaque été des accidents dus à des obstacles sur la route, des nids-de-poule ou des bourrasques de vent.

# INDEX

## INDEX GÉNÉRAL



## ANAFI

## IOS



## SANTORIN ET THIRASSIA

# LEXIQUE

## Usuel

Oui : *né*
Non : *ochi*
Bonjour : *kaliméra*
Bonsoir : *kalispéra*
Au revoir : *gia sas* (salut à vous et aussi bonjour) et *gia sou* (salut à toi)
Je ne comprends pas : *dhène katalavéno*
Madame : *Kiria*
Monsieur : *Kirié*
Merci : *efxharisto*
Excusez-moi : *mé sinexhorité*
S'il vous plaît : *parakalo*

## Espace et temps

Où se trouve...? : *pou iné...?*
Comment aller à...? : *posse boro na pao...?*
Droite : *dheksia*
Gauche : *aristéra*
Tout droit : *efthia*
Près : *konneda*
Lundi : *dheftéra*
Mardi : *triti*
Mercredi : *tétarti*
Jeudi : *pèmepti*
Vendredi : *paraskévi*
Samedi : *savato*
Dimanche : *kiriaki*

## Shopping

Combien coûte ceci? : *posso kani?*
J'aimerais... : *tha ithéla...*
Avez-vous...? : *échété...?*
Acceptez-vous les cartes de crédit? : *dhechesté pistotikès kartesse?*
Grand : *mégalo*
Petit : *micro*
Cher : *akrivo*
La boulangerie : *o fournosse*
La banque : *i trapéza*
La librairie : *to vivliopolio*
La pâtisserie : *to zacharoplastio*
La pharmacie : *to pharmakio*
Le marché : *i laiki agora*
Le supermarché : *«supermarket» / hyperagora*

## En ville

L'église : *i éklisia*
Le jardin : *o kiposse*
La bibliothèque : *i vivliothiki*
Le musée : *to moussio*
La rue : *o dhromosse*
La station de bus : *o stathmos léoforione*
Le train/le métro : *to tréno*
L'office de tourisme : *o EOT*
Le port : *to limani*
Le ferry : *to feribote*
Le billet aller-retour : *isitirio mé épistrofi*
Un aller simple : *aplo isitirio*
Entrée : *i issodhos*
Sortie : *i éksodhos*
Ouvert : *anichto*
Fermé : *klisto*

## À l'hôtel

Avez-vous une chambre de libre? : *échété ena elefthero dhomatio ?*
Chambre double avec un grand lit : *dhiklino mé dhiplo krévati*
Chambre individuelle : *monoklino*
Chambre avec bain : *dhomatio mé banio*
La douche : *to dous*
J'ai réservé : *éxho kani kratisi*

## Au restaurant

Avez-vous une table? : *échété trapezi?*
L'addition, s'il vous plaît : *to logariasmo, parakalo*
Le menu : *to katalogo*
La carte des vins : *to katalogos mé ta inopnevmatodhi*
Le verre : *to potiri*
L'eau : *to néro*
La bouteille : *to boukali*
Le couteau : *to machéri*
La fourchette : *to pirouni*
La cuillère : *to koutali*
Le petit déjeuner : *to proïno*
Le déjeuner : *to mésimériano*
Le dîner : *to dhipno*
Le plat du jour : *to piato tis imeras*
Le café : *o kafés* (*to kafénio* = le café en tant qu'établissement)
Le pain : *to psomi*
Le dessert : *to gliko*
Le poisson : *to psari*
Le fromage : *to tiri*
Vin rouge : *krasi kokino*
Vin blanc : *krasi lefko*
Vin rosé : *krasi rozé*
Sel : *alati*
Poivre : *pipéri*
Thé : *tsaï*

## Les nombres

Un : *éna*
Deux : *dhio*
Trois : *tria*
Quatre : *tessera*
Cinq : *pennedé*
Six : *eksi*
Sept : *epta*
Huit : *ochto*
Neuf : *énéa*
Dix : *dhéka*
Onze : *ènedhéka*
Douze : *dhodhéka*
Vingt : *ikosi*
Vingt et un : *ikosiéna*
Trente : *trianeda*
Quarante : *saraneda*
Cinquante : *eksineda*
Cent : *ékato*
Deux cents : *dhiakosia*
Mille : *chilia*
Deux mille : *dhiochiliadhès*

# Crédits photographiques

## Couverture

Plat 1 : village d'Oia à Santorin © Jon Arnold Images/ hemis.fr

## Intérieur

Adobe Stock : gatsi p. 4 (c.) ; moofushi p. 49, p. 112-113 ; Nicole Kwiatkowski p. 41 ; Patryk Kosmider p. 42 ; Szasz-Fabian Jozsef p. 105 ; tanyaeroko p. 21 ; tella0303 p. 89.

C. P. : p. 8 (b. d.) ; p. 74.

Hemis : Dimitrios Symeonidis / Alamy Stock Photo p. 109 ; Franck Guiziou p. 18, p. 88, p. 93, p. 96 ; Jon Arnold Images p. 117 ; Louis-Marie Preau p. 15.

Hôtel The Vasilicos : p. 32.

Shutterstock : Aleksandar Todorovic p. 45 ; Alex Konti p. 83 ; Alex Waltner Photography p. 56 ; Antonio Filippi p. 36 ; Bildagentur Zoonar GmbH p. 4 (b. d.) ; BlueOrange Studio p. 50 ; Camille V p. 78, p. 82 ; cge2010 p. 4 (ht g.) ; Elena Arrigo p. 8 (ht g.) ; Elenarts p. 81 ; Feel good studio p. 47 ; fokke baarssen p. 19 ; FotoHelin p. 12 (b. d.) ; Gabriela Beres p. 3 (b. d.) ; George Barker p. 53 ; Giovanni Rinaldi p. 1, p. 5 (b.), p. 85 ; Greens and Blues p. 5 (ht) ; GTzach p. 62 ; Heracles Kritikos p. 66 ; imagIN.gr photography p. 7 (ht d.), p. 10 (c. g.) ; Jana.K p. 9 (b. d.) ; Kostas Koutsaftikis p. 92 ; KOSTAS TSEK p. 102 ; leoks p. 3 (ht d.) ; Ludovic Farine p. 65 ; lukaszimilena p. 11 (ht) ; mikha AF p. 7 (b. d.) ; Mo Wu p. 55 ; Nfoto p. 13 (c. g.) ; Nicola Pulham p. 31 ; Olga Gavrilova p. 12 (c. g.), 13 (ht d.) ; Paul Cowan p. 73 ; Pawel Kazmierczak p. 35 ; Photo Glowe p. 61 ; Photo Volcano p. 58 ; Renata Sedmakova p. 76 ; Roger Utting p. 37 ; Steve Photography p. 77 ; Sven Hansche p.16, p. 106 ; Taiga p. 3 (c. g.) ; Tatiana Popova p. 39 ; Tomas Marek p. 26 ; Tomasz Wozniak p. 115 ; TravnikovStudio p. 8 (c.) ; vivooo p. 71, p. 114 ; Ziga Adamcic p. 70.

Maud Vidal-Naquet : p. 7 (c. g.) ; p. 9 (ht) ; p. 10 (c. d.) ; p. 11 (b. d.) ; p. 13 (b. d.) ; p. 34 ; p. 48 ; p. 63 ; p. 95 ; p. 97 ; p. 99 ; p. 101.

## Notre autrice, Maud Vidal-Naquet

Amoureuse de la Grèce au point d'y habiter, Maud vous emmène à Santorin, Anafi et Ios, dans le magnifique archipel des Cyclades qui a marqué son enfance. Pour ce guide, elle a déniché des tavernes familiales dans des villages authentiques ou au bord de l'eau, testé la pêche en mer, les dégustations dans les meilleurs vignobles de Santorin, rencontré des artisans qui perpétuent une tradition ancestrale, arpenté des sentiers à couper le souffle à Anafi et Ios, bronzé sur des plages secrètes...

Édition originale établie par **Maud Vidal-Naquet**.

Direction : Sidonie Chollet
Direction éditoriale : Cécile Petiau
Édition : Émilie Lézénès
Lecture-correction : Magali Vidal-Revel
A collaboré à cet ouvrage : Maëlle Maigne
Cartographie : Frédéric Clémençon et Aurélie Huot
Fabrication : Liza Sacco
Conception graphique de la couverture et de la maquette intérieure : Minsk Studio
Illustrations : Minsk Studio
Contact presse : rmazef@hachette-livre.fr – 01 43 92 36 66
Contact publicité et partenariats : partenariat-tourisme@hachette-livre.fr

Tous nos remerciements à Antoine Béon pour son aide et son regard avisé sur la direction artistique de la collection.

Aussi soigneusement qu'il ait été établi, ce guide n'est pas à l'abri des changements de dernière heure, des erreurs ou omissions. Ne manquez pas de nous faire part de vos remarques. Informez-nous aussi de vos découvertes personnelles, nous accordons la plus grande importance au courrier de nos lecteurs : **weekend@hachette-livre.fr**

**Facebook** @GuidesUnGrandWeekend • **Instagram** @ungrandweekend • **Twitter** @ungrandweekenda



Édité par Hachette Livre (58, rue Jean-Bleuzen, CS 70007, 92178 Vanves Cedex)
Imprimé par Polygraf (Capajevova 44, 08199 Presov, Slovaquie)
Achevé d'imprimer : avril 2022
ISBN : 978-2-01-714004-7 • Codification : 25-4200-2
Dépôt légal : mai 2022 • Collection n° 44 • Édition : 01